北大版 新HSK 应试辅导丛书

新 汉语水平考试

HSK （三级）

全真模拟题集

（第2版）

刘 云　石佩芝　主编

依据2013年
最新词汇大纲
修订

北京大学出版社
PEKING UNIVERSITY PRESS

图书在版编目（CIP）数据

新汉语水平考试 HSK（三级）全真模拟题集/刘云，石佩芝主编. —2 版. —北京：北京大学出版社，2013.7

（北大版新 HSK 应试辅导丛书）

ISBN 978-7-301-21713-9

Ⅰ.新… Ⅱ.①刘…②石… Ⅲ.汉语—对外汉语教学—水平考试—习题集 Ⅳ. H195-44

中国版本图书馆 CIP 数据核字（2013）第 294695 号

书　　　　名：**新汉语水平考试 HSK（三级）全真模拟题集（第 2 版）**
著作责任者：刘　云　石佩芝　主编
　　　　　　姜　安　邱金萍　张　娟　编著
责 任 编 辑：欧慧英　贾鸿杰
标 准 书 号：ISBN 978-7-301-21713-9/H・3192
出 版 发 行：北京大学出版社
地　　　　址：北京市海淀区成府路 205 号　　100871
网　　　　址：http://www.pup.cn　　新浪官方微博：@北京大学出版社
电 子 信 箱：zpup@pup.cn
电　　　　话：邮购部 62752015　发行部 62750672　编辑部 62752028
　　　　　　出版部 62754962
印 刷 者：北京大学印刷厂
经 销 者：新华书店
　　　　　　787 毫米×1092 毫米　16 开本　9.25 印张　210 千字
　　　　　　2010 年 3 月第 1 版
　　　　　　2013 年 7 月第 2 版　2013 年 7 月第 1 次印刷
定　　　　价：38.00 元（含 MP3 盘 1 张）

修订说明

国家汉办组织研发的新汉语水平考试（HSK）是一项国际汉语能力标准化考试。2009年11月，新汉语水平考试（HSK）正式实施，全球推广以来，受到各国汉语学习者的普遍欢迎。

与原HSK比较，新HSK在设计理念与测试目的等方面都有很大不同。新HSK以"考教结合"为原则，目的是"以考促教""以考促学"，注重以鼓励策略促进考生汉语能力的发展。在等级设置与题目设计上，新HSK也与原HSK有明显差异。新HSK设置了笔试6个等级和口试3个等级，扩大了考试的覆盖面；在题目设计上更强调测试考生的实际语言运用能力，而非语言知识的掌握程度。

自新HSK推出以来，我们始终密切关注考试设计与推广的发展动态，对新HSK的测试理论和实践进行了深入的研究。在此基础上，我们编写了一系列新HSK复习备考用书，以期为辅导教师和广大考生提供有益的帮助。

根据新HSK最新词汇大纲的调整和变化，应广大读者要求和为进一步满足新HSK考生备考的需求，我们继2010年出版市面上第一套《新汉语水平考试HSK全真模拟题集》后，于2013年推出《新汉语水平考试HSK全真模拟题集》（第2版）。这套全真模拟题集共6册，每册包含相应等级的5套全真模拟试卷。这次修订主要包括：

一、增加了每一级别的考试说明；

二、调换了部分图片；

三、根据2013版最新词汇大纲，修改了部分试题；

四、四至六级增加了题解，题解注重实效，强调语言知识、应试技巧与答题思路的结合。

我们相信，《新汉语水平考试HSK全真模拟题集》（第2版）不仅有助于考生有效测试现有水平，更有助于提高考生汉语的运用能力，以及掌握复习备考的方法及应试策略。

编　者

目 录

新 HSK(三级)考试说明 ·························· 1

    一 考试内容 ···························· 1

    二 报考指南 ···························· 2

    三 成绩报告 ···························· 4

新汉语水平考试 HSK(三级)全真模拟题 1 ········ 5

新汉语水平考试 HSK(三级)全真模拟题 2 ········ 21

新汉语水平考试 HSK(三级)全真模拟题 3 ········ 37

新汉语水平考试 HSK(三级)全真模拟题 4 ········ 53

新汉语水平考试 HSK(三级)全真模拟题 5 ········ 69

新汉语水平考试 HSK(三级)全真模拟题 1 听力材料 ········ 84

新汉语水平考试 HSK(三级)全真模拟题 2 听力材料 ········ 91

新汉语水平考试 HSK(三级)全真模拟题 3 听力材料 ········ 98

新汉语水平考试 HSK(三级)全真模拟题 4 听力材料 ········ 105

新汉语水平考试 HSK(三级)全真模拟题 5 听力材料 ········ 113

新汉语水平考试 HSK(三级)全真模拟题 1 答案 ·································· 120

新汉语水平考试 HSK(三级)全真模拟题 2 答案 ·································· 122

新汉语水平考试 HSK(三级)全真模拟题 3 答案 ·································· 124

新汉语水平考试 HSK(三级)全真模拟题 4 答案 ·································· 126

新汉语水平考试 HSK(三级)全真模拟题 5 答案 ·································· 128

新 HSK（三级）考试说明

一　考试内容

HSK（三级）共 80 题，分听力、阅读和书写三部分。

考试内容		试题数量（个）		考试时间（分钟）
一、听力	第一部分	10	40	约 35
	第二部分	10		
	第三部分	10		
	第四部分	10		
填写答题卡（将听力部分的答案填涂到答题卡上）				5
二、阅读	第一部分	10	30	30
	第二部分	10		
	第三部分	10		
三、书写	第一部分	5	10	15
	第二部分	5		
共计	/	80		约 85

全部考试约 90 分钟（含考生填写个人信息时间 5 分钟）。

1. 听力

第一部分，共 10 题。每题听两次。每题都是一个对话，试卷上提供几张图片，考生根据听到的内容选出对应的图片。

第二部分，共 10 题。每题听两次。每题都是一个人先说一小段话，另一人根据这段话说一个句子，试卷上也提供这个句子，要求考生判断对错。

第三部分，共 10 题。每题听两次。每题都是两个人的两句对话，第三个人根据对话问一个问题，试卷上提供 3 个选项，考生根据听到的内容选出答案。

第四部分，共 10 题。每题听两次。每题都是两个人的 4 到 5 句对话，第三个人根据对话问一个问题，试卷上提供 3 个选项，考生根据听到的内容选出答案。

— 1 —

2. 阅读

第一部分,共 10 题。提供 20 个句子,考生要找出他们之间的对应关系。

第二部分,共 10 题。每题提供一到两个句子,句子中有一个空格,要求考生从提供的选项中选词填空。

第三部分,共 10 题。提供 10 小段文字,每段文字带一个问题,要求考生从 3 个选项中选出答案。

3. 书写

第一部分,共 5 题。每题提供几个词语,要求考生用这几个词语写一个句子。

第二部分,共 5 题。每题提供一个带空格的句子,要求考生在空格上写出正确的汉字。

二 报考指南

■**考试报名**

1. 网上报名

第一步	登陆汉语考试服务网	网址:www.chinesetest.cn
第二步	注册用户	填写 e-mail 地址、国籍、母语种类和出生日期。
第三步	考试报名	选择考试时间和最近的考点,上传照片并确认注册信息。
第四步	支付考试费	必须在考试前 27 天完成交费。三级费用为 350 元。
第五步	获得报名确认	交费成功的考生会在考前 10 天得到 e-mail 确认。
第六步	领取准考证	登陆 www.chinesetest.cn 打印准考证或去考点领取。

2. 考点报名:考生也可以携带照片和身份证件直接去附近考点交费报名。

■**考试须知**

核对准考证信息	准考证上的姓名信息与护照或其他证件上的信息必须一致。
准备好考试用品	a 准考证;b 报名所用的证件(原件);c 2B 铅笔;d 橡皮。
要按时到达考场	考试前半小时开始进场,听力考试时迟到的考生不能进场。
保存好注册信息	以便查询成绩或进行下一次考试的报名。

■关于准考证

考生报名成功并收到报名确认信息以后,可以登录到汉语考试服务网(www.chinesetest.cn)上选择自行打印准考证,也可以到报名的考点领取准考证。

准考证内容包括考生姓名、国籍、性别、证件类型和号码、考试科目、考试时间、考点名称、考试地点、考场须知等。

新汉语水平考试（HSK）准考证
HSK Admission Ticket

准考证号: **H51202899140050041**

姓　名	Lee Junho
中文姓名	李俊浩

考点代码		
8	[0][1][2][3][4][5][6][7]■[9]
9	[0][1][2][3][4][5][6][7][8]■
9	[0][1][2][3][4][5][6][7][8]■
1	[0]■[2][3][4][5][6][7][8][9]
4	[0][1][2][3]■[5][6][7][8][9]
0	■[1][2][3][4][5][6][7][8][9]
0	■[1][2][3][4][5][6][7][8][9]

序号		
5	[0][1][2][3][4]■[6][7][8][9]
0	■[1][2][3][4][5][6][7][8][9]
0	■[1][2][3][4][5][6][7][8][9]
4	[0][1][2][3]■[5][6][7][8][9]
1	[0]■[2][3][4][5][6][7][8][9]

国籍	韩国
5	[0][1][2][3][4]■[6][7][8][9]
2	[0][1]■[3][4][5][6][7][8][9]
3	[0][1][2]■[4][5][6][7][8][9]

性别	男 ■ 女 [2]

证件类型	护照	证件号码	M8888888

考试科目	HSK五级
考试日期	2012-08-08
考试时间	13:30

座位号

40mmX30mm

考点名称	中文大学
考试地点	中文大学电教楼
考场位置	电教楼 288室

考生须知	1.考生在收到准考证后须核对本人信息,如信息有误,请立即联系考点修改。 2.考生必须凭准考证和带有照片的身份证件进入考场(以报名时提供的有效身份证件为准)。 3.纸笔考试,请考生自带**2B**铅笔和橡皮。 4.考试前**30**分钟开始入场。听力考试开始前,迟到的考生可进入考场参加考试;听力考试开始后,迟到的考生须等听力考试结束后才可进入考场参加阅读考试,所误时间不补;阅读考试开始后,迟到的考生不得进入考场参加考试。 5.请保管好准考证,领取**HSK**成绩报告时,必须出示准考证。 6.查询**HSK**成绩时,请登录汉语考试服务网(www.chinesetest.cn),输入准考证号查询。

联系考点	电话: **HSK、BCT:** 010-88888888 传真: 010-88888886

— 3 —

■答题卡填写指导

答题卡考生信息填涂部分内容包含:姓名、中文姓名、考生序号、考点代码、国籍、年龄和性别。考生可以根据 HSK 准考证上的信息逐一填写。

在填写各种代码或年龄等数字内容时,应先把相应数字写在每行左侧的空格内,然后在右侧相应的数字上画横道。回答问题时,应该在表示正确答案的字母上画上横道。横道均应画成[■]这样。

① 姓名:考生证件上的姓名,需按照考生报名时证件上的姓名填写,且有证件上的姓名必须与 HSK 准考证上登记的证件姓名完全一致。

② 中文姓名:如果有中文姓名,请填写。

③ 考生序号:18 位准考证号的最后 5 位。

④ 考点代码:每一个考点都有一个唯一的 7 位数字代码,请见准考证,或在考场向监考人员询问。

⑤ 国籍:考生本人国籍的代码,为 3 位数字,请见准考证,或在考场向监考人员询问。

⑥ 年龄:根据考生实际情况填涂。

⑦ 性别:根据考生实际情况填涂。

三　成绩报告

HSK(三级)成绩报告提供听力、阅读、书写和总分四个分数。总分 180 分为合格。

	满分	你的分数
听力	100	
阅读	100	
书写	100	
总分	300	

HSK 成绩长期有效。作为外国留学生进入中国院校学习的汉语能力的证明,HSK 成绩有效期为两年(从考试当日算起)。

新汉语水平考试
HSK（三级）
全真模拟题 1

注　　意

一、HSK（三级）分三部分：

    1. 听力（40题，约35分钟）

    2. 阅读（30题，30分钟）

    3. 书写（10题，15分钟）

二、听力结束后，有 **5** 分钟填写答题卡。

三、全部考试约 90 分钟（含考生填写个人信息时间 5 分钟）。

中国　北京　　　　　　　　　　　　　×××× /×××××× 　编制

一、听　力

第 一 部 分

第 1-5 题

A

B

C

D

E

F

例如：男：喂，请问张经理在吗？

　　　女：他正在开会，您过半个小时再打吧。　　　　　D

1.

2.

3.

4.

5.

— 7 —

第 6-10 题

A

B

C

D

E

6. ☐

7. ☐

8. ☐

9. ☐

10. ☐

第 二 部 分

第 11-20 题

例如：为了让自己更健康，他每天都花一个小时去锻炼身体。

  ★他希望自己很健康。   (√)

  今天我想早点儿回家。看了看手表，才 5 点。过了一会再看表，还是 5 点，我这才发现我的手表不走了。

  ★那块儿手表不是他的。   (×)

11. ★他现在是学生。   (   )

12. ★他妈妈要来学校看他。   (   )

13. ★张东要去帮老师搬桌子。   (   )

14. ★他们现在在公共汽车站。   (   )

15. ★小王歌唱得非常好。   (   )

16. ★他对这个房子非常满意。   (   )

17. ★他已经给老师发了电子邮件。   (   )

18. ★他喝茶的习惯跟中国人一样。   (   )

19. ★他爷爷经常去公园锻炼身体。   (   )

20. ★我很喜欢小狗。   (   )

第 三 部 分

第 21-30 题

例如：男：小王，帮我开一下门，好吗？谢谢！

女：没问题。您去超市了？买了这么多东西。

问：男的想让小王做什么？

A 开门 √ B 拿东西 C 去超市买东西

21. A 要 B 不要 C 不知道

22. A 一直很干净 B 以前不干净 C 比女的的房间干净

23. A 朋友送的 B 女的给的 C 自己买的

24. A 老师 B 服务员 C 妻子

25. A 白色 B 黑色 C 红色

26. A 图书馆 B 书店 C 电影

27. A 比现在好 B 比现在差 C 非常好

28. A 她不喜欢喝 B 饮料太贵 C 喝饮料容易长胖

29. A 生病了 B 想休息 C 进房间了

30. A 没回公司 B 他要去银行 C 已经下班了

第 四 部 分

第 31-40 题

例如：女：晚饭做好了，准备吃饭了。

男：等一会儿，比赛还有三分钟就结束了。

女：快点儿吧，一起吃，菜冷了就不好吃了。

男：你先吃，我马上看完了。

问：男的在做什么？

A 洗澡   B 吃饭   C 看电视 √

31.   A 商店   B 饭店   C 水果店

32.   A 跑步   B 吃饭   C 买东西

33.   A 春天   B 夏天   C 冬天

34.   A 29   B 30   C 31

35.   A 10:30   B 11:30   C 11:00

36.   A 骑自行车   B 坐出租车   C 坐男的的自行车

37.   A 去买书   B 去图书馆   C 去书店二楼

38.   A 篮球   B 足球   C 游泳

39.   A 旅游   B 爬山   C 回家

40.   A 不喜欢   B 电视有问题了   C 去看马老师了

二、阅　读

第　一　部　分

第 41-45 题

A 哪里哪里。

B 不用着急，还有半个小时呢。

C 我们先坐公共汽车，然后又换了地铁。

D 都不近。

E 好啊，我最喜欢小动物，特别是熊猫。

F 我哪儿知道啊，你自己的东西总是不知道放在哪儿。

例如：你是怎么来这儿的？　　　　　　　　　　　　　　　（ C ）

41. 看见我的手表没有？　　　　　　　　　　　　　　　　（　　）

42. 已经十点了，你还不快点儿？　　　　　　　　　　　　（　　）

43. 你的汉语越来越好了。　　　　　　　　　　　　　　　（　　）

44. 请问，这两条路去电影院，哪条近一点儿？　　　　　　（　　）

45. 星期六我们去动物园吧。　　　　　　　　　　　　　　（　　）

第 46-50 题

A 后来越来越忙,再也没时间。

B 有星期天去北京的票吗?

C 把你的伞借我用一会儿,好吗?

D 你终于来了。

E 你了解中国吗?

46. 对不起,让你等了很久。 （ ）

47. 了解一点儿,但是我知道中国的黄河很有名。 （ ）

48. 我以前经常锻炼身体。 （ ）

49. 好啊。外面还下雨吗? （ ）

50. 都卖完了。 （ ）

第 二 部 分

第 51-55 题

A 刷牙　　B 晴　　C 杯子　　D 解决　　E 会议　　F 绿色

例如：她喝茶的（ C ）很漂亮！

51. 最近特别忙，明天我又要去参加一个（　　）。

52. 昨天我想了半天，也没想出（　　）这个问题的办法。

53. 这个行李箱不是我的，我的是（　　）的。

54. 明天天气和今天一样，也是（　　）天，我们去爬山吧。

55. 医生，我今天早上（　　）的时候觉得牙很疼，请帮我看看。

— 14 —

第 56-60 题

A 张　　B 爱好　　C 新闻　　D 最　　E 把　　F 票

例如：A:你有什么（B）？

　　　B:我喜欢体育。

56. A:今天报纸上有什么重要（　　）？

　　　B:我今天没看。

57. A:要不要我帮你去买音乐会的（　　）？

　　　B:那太好了,谢谢。

58. A:能不能（　　）你的照相机借给我用用？

　　　B:对不起,我女朋友带到北京去了。

59. A:你喜欢什么动物？

　　　B:我觉得熊猫（　　）可爱了。

60. A:这（　　）照片上的女孩儿真漂亮,她是谁啊？

　　　B:是我的一个同事。

第 三 部 分

第 61-70 题

例如：您是来参加今天会议的吗？您来早了一点儿，现在才 8 点半。您先进来坐吧。

    ★会议最可能几点开始？

    A 8 点   B 8 点半   C 9 点 √

61. 我们班的张东比我高，但是他跑得没我快。小马比张东还高，但是跑得还没张东快。

    ★谁跑得最快？

    A 我   B 张东   C 小马

62. 来中国 4 个月了，我还不习惯这儿的天气。这儿吃的东西我也不太喜欢。但是我住的房间还可以，很大也很干净。

    ★我对什么比较满意？

    A 天气   B 房间   C 吃的东西

63. 最近我身体不太好。昨天去医院，医生说我需要多休息，可以多吃一些新鲜水果和鱼。妈妈知道后非常担心我。

    ★我妈妈担心我什么？

    A 健康   B 休息的时间少   C 吃的水果不新鲜

64. 小李非常努力，昨晚十一点我给他打电话，他说他在看书。我让他周末跟我一起去踢足球，他也不愿意去。

    ★小李是个什么样的人？

    A 学习努力   B 睡觉很早   C 不喜欢运动

— 16 —

65. 我是去年离开那家公司的,然后就到了这家宾馆做服务员。我希望有一个
自己的饭店。

　　★我现在可能在哪儿上班?

　　　　A 公司　　　　　　　　B 宾馆　　　　　　　　C 饭店

66. 我最想在节日里结婚,朋友、同事都能来,这多好啊。

　　★我可能会选择下面什么时候结婚?

　　　　A 新年　　　　　　　　B 周末　　　　　　　　C 生日

67. 有一年夏天我去一个中国朋友家。我是第一次见到她的爸爸、妈妈和哥哥。
他们都很热情。喝茶的时候,她哥哥问我:"你多大了?"我听了他的话,脸马
上红了。

　　★我为什么脸红?

　　　　A 天气热　　　　　　　B 喝酒了　　　　　　　C 不好意思

68. 小李是一家公司的经理,工作特别忙,经常去国外。他妻子把家人照顾得很
好。小李在外面很放心。

　　★小李的爸妈和孩子在家怎么样?

　　　　A 很忙　　　　　　　　B 很累　　　　　　　　C 很好

69. 去年我来到北京开始学习汉语,现在一年过去了,我的汉语水平有了很大提
高。我想多了解一些中国的文化和历史,所以决定再学一年。

　　★我在北京可能多长时间?

　　　　A 半年　　　　　　　　B 一年　　　　　　　　C 两年

70. 太热了,快把空调打开,今天电梯怎么突然坏了? 我只好走上来。

　　★我现在可能在哪里?

　　　　A 车里　　　　　　　　B 家里　　　　　　　　C 电梯里

— 17 —

三、书 写

第 一 部 分

第 71-75 题

例如：小船　上　一　河　条　有

　　河上有一条小船。

71. 蛋糕　　去　　我　　超市　　买

72. 前面　　出租车　　辆　　两　　出现　　突然

73. 名字　　你　　在　　写　　这儿　　把

74. 书　　老师　　被　　走　　拿　　了

75. 晚上　　没有　　今天　　月亮

第 二 部 分

第 76-80 题

例如：没（　关　）系，别难过，高兴点儿。

（guān 标注于"关"上方）

76. 他（　　　）了，都是你的错。

（kū 标注于括号上方）

77. 校长坐在我们中（　　　）。

（jiān 标注于括号上方）

78. 这个字我不认识，借我用一下你的字（　　　）。

（diǎn 标注于括号上方）

79. 我想买一斤（　　　）蕉。

（xiāng 标注于括号上方）

80. 今天我家来了一个（　　　）人。

（kè 标注于括号上方）

新汉语水平考试
HSK（三级）
全真模拟题 2

注　　意

一、HSK（三级）分三部分：

    1. 听力（40题，约35分钟）

    2. 阅读（30题，30分钟）

    3. 书写（10题，15分钟）

二、听力结束后，有 **5 分钟**填写答题卡。

三、全部考试约 90 分钟（含考生填写个人信息时间 5 分钟）。

中国　北京　　　　　　　ＸＸＸＸ/ＸＸＸＸＸＸ　编制

一、听 力

第一部分

第 1-5 题

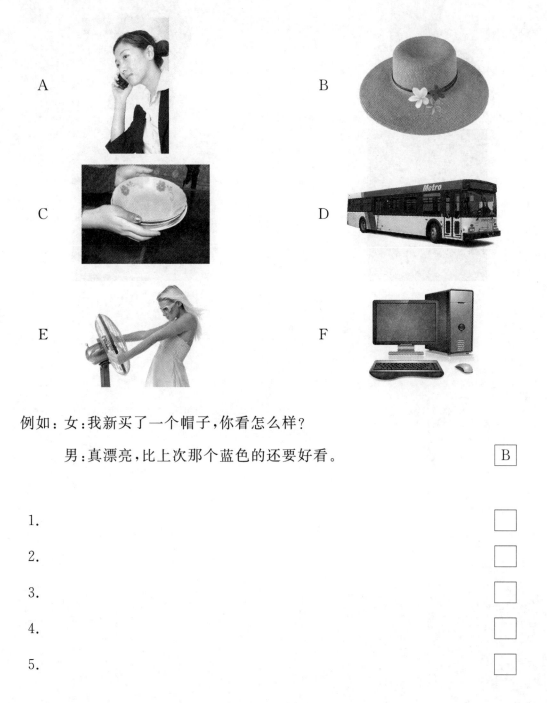

例如：女：我新买了一个帽子，你看怎么样？

男：真漂亮，比上次那个蓝色的还要好看。 B

1.

2.

3.

4.

5.

第 6-10 题

A

B

C

D

E

6.

7.

8.

9.

10.

第 二 部 分

第 11-20 题

例如：你看，站在我左边的是我以前的同学，我右边的是我的同事。

★他已经工作了。 （ ✓ ）

关于明天的考试，我还有很多问题要问老师。

★明天的考试他已经准备好了。 （ ✗ ）

11. ★我妹妹不喜欢跳舞。 （ ）

12. ★我周末去奶奶家。 （ ）

13. ★我在张小姐和王先生中间。 （ ）

14. ★小王现在比他妈妈高了。 （ ）

15. ★老王因为身体不好，所以经常锻炼。 （ ）

16. ★周末爸爸去医院看我。 （ ）

17. ★他在看比赛。 （ ）

18. ★小李的办公室在 8 号楼的 3 层。 （ ）

19. ★他想明年换工作。 （ ）

20. ★小张把我的自行车骑走了。 （ ）

第 三 部 分

第 21-30 题

例如：男：你什么时候生日啊？

女：后天，马上我就 24 岁了。

问：女的现在多大了？

A 23 岁 √   B 24 岁   C 25 岁

21. A 请男的送她   B 自己去机场   C 告诉男的明天开会

22. A 男的没有词典   B 男的没有时间   C 男的不认识这个字

23. A 学习   B 看电视   C 很早就睡觉了

24. A 早上吃   B 吃了饭再吃   C 吃饭以前吃

25. A 画画儿   B 卖小狗   C 跟小狗玩儿

26. A 今天很冷   B 今天有大风   C 今天天气不错

27. A 4 个   B 7 个   C 9 个

28. A 4 块   B 4 块 5   C 5 块

29. A 家里   B 地铁站   C 公共汽车站

30. A 宾馆   B 超市   C 图书馆

第 四 部 分

第 31-40 题

例如：女：你回来了？累不累啊？

男：还好，我坐飞机回来的，才用了两个小时。这是给你的小礼物。

女：太漂亮了，谢谢。

男：不客气。

问：从对话里，我们可以知道什么？

A 男的觉得坐飞机时间太长　　B 男的给女的生日礼物　　C 男的不太累 √

31. A 很好 　　　　　　　　B 很便宜 　　　　　　　　C 是女的让他买的

32. A 11 点多 　　　　　　　B 12 点多 　　　　　　　C 13 点多

33. A 家里 　　　　　　　　B 教室里 　　　　　　　　C 医院里

34. A 笔 　　　　　　　　　B 桌子 　　　　　　　　　C 笔记本

35. A 教室 　　　　　　　　B 银行 　　　　　　　　　C 办公室

36. A 米饭 　　　　　　　　B 面包 　　　　　　　　　C 面条儿

37. A 丈夫和妻子 　　　　　　B 妈妈和孩子 　　　　　　C 老师和学生

38. A 女的带的东西很少 　　　B 男的带的东西不多 　　　C 男的只带了衣服

39. A 6 点半 　　　　　　　　B 7 点 　　　　　　　　　C 6 点 20

40. A 张小姐已经结婚了

　　B 男的要和张小姐结婚了

　　C 男的不知道张小姐要结婚了

二、阅　读

第 一 部 分

第 41-45 题

A 打电话吧，我的电脑坏了。

B 是啊，除了刮风下雨。

C 是啊，我在中国学习了三年。

D 坐公共汽车去你们公司要换车吗？

E 我们店里的面包和蛋糕特别新鲜，您买哪种？

F 我把手机忘在家里了。

例如：你的汉语比以前好多了。　　　　　　　　　　　　　　（ C ）

41. 你刚才怎么不接我电话？　　　　　　　　　　　　　　　（　）

42. 又遇到你了，你每天都来锻炼身体吗？　　　　　　　　　（　）

43. 不用，你在最后一站下就到了。　　　　　　　　　　　　（　）

44. 我先走了，晚上我上网再跟你说。　　　　　　　　　　　（　）

45. 我想先试试，然后再做决定。　　　　　　　　　　　　　（　）

第 46-50 题

A 这些帽子都不错,你选一个吧。

B 你怎么哭了啊?

C 同学,请问洗手间在哪儿?

D 孩子,快过来,来客人了。

E 我就要这双皮鞋了,你们这儿能用信用卡吗?

46. 我妈妈生病了,我很难过。 （　　）

47. 图书馆一楼左边就有一个。 （　　）

48. 红的太大了,黑的吧。 （　　）

49. 可以,没问题。 （　　）

50. 叔叔好! （　　）

第 二 部 分

第 51-55 题

　　　A 舒服　　B 甜　　C 件　　D 经理　　E 让　　F 会议

例如：我来介绍一下,这位是我们公司的张(D)。

51. 老李,北京的(　　)你参加不参加?

52. 运动完了洗个澡,真(　　)。

53. 王老师(　　)我下午去他办公室。

54. 这蛋糕看着很好吃,但是不(　　)。

55. 冬天到了,我要去买几(　　)衣服。

第 56-60 题

A 伞　　　B 清楚　　C 秋天　　D 习惯　　E 碗　　F 虽然

例如：A:你最喜欢哪个季节？
　　　B:我最喜欢（C）。

56. A:服务员,再给我一（　　）米饭。
　　B:好的,请等一下。

57. A:外面下雨了,怎么办？
　　B:没事儿,我带（　　）了。

58. A:你觉得中国菜怎么样？
　　B:我还不（　　）吃中国菜。

59. A:你认识她吗？
　　B:（　　）我不知道她的名字,但是我看过她的照片儿。

60. A:刚才老师说什么了？你听（　　）了吗？
　　B:没有。

第 三 部 分

第 61-70 题

例如：明天我们班坐船去旅游，老师要求我们早上 6 点钟在学校大门口等他。
我第一次坐船，有点儿担心会不舒服。

★根据这句话，我们可以知道：

A 我明天不去旅游　　B 我没有坐过船 √　　C 我不和同学、老师一起去

61. 昨天我去医院做了检查，医生说我身体不太健康，让我多运动运动。我决定
从今天开始，每天吃过饭都去跑跑步。

★根据这句话，我们可以知道：

A 医生让我去跑步　　　B 昨天我去跑步了　　　C 我明天会去跑步

62. 我住在 7 层，我们楼里有一个电梯。不过我很少坐电梯，我认为走着上楼下
楼是一种很好的锻炼。但是如果带了很多东西，就只能坐电梯了。

★根据这句话，我们可以知道：

A 他没有坐过电梯　　　B 他不经常坐电梯　　　C 他买了很多东西

63. 张先生是个很热情的人。上次我们去他家，他准备了很多好吃的东西。我
们走的时候，他还给我们每人一个大苹果。我觉得太不好意思了。

★张先生：

A 家里很热　　　　　　B 对客人非常好　　　　C 做的菜很好吃

64. 我喜欢喝茶，但是我不习惯喝中国茶，我觉得甜甜的茶更好喝。我爸爸也喝
茶，但是他更喜欢喝新鲜的啤酒。

★根据这句话，我们可以知道：

A 我爱喝啤酒　　　　　B 我爸爸最喜欢喝茶　　　C 我喜欢甜的茶

65. 我的爱好特别多,除了游泳,足球、篮球、跳舞、音乐没有我不喜欢的。后来,
    我开始学习唱中国歌,这对学习汉语有帮助。
    ★我:
    　A 不喜欢音乐　　　　　　B 喜欢游泳和足球　　　　C 以前不会唱中国歌

66. 这件衬衫不是我的,我的是白的,比这件大。你再找找。
    ★这件衬衫:
    　A 是白的　　　　　　　　B 没人要　　　　　　　　C 比我的小

67. 我每天 6 点半就起床了,上午上四个小时课,下午有的时候没有课。没有课
    的时候我就去打篮球。晚上 7 点我去吃饭,吃完饭后我一般学习汉语,有时
    候也看电影。
    ★我:
    　A 起床比较早　　　　　　B 每天都学汉语　　　　　C 每天都去打篮球

68. 今天去上班的时候,突然下大雨了。我在一家商店里等了半个小时,后来就
    迟到了。我们经理很生气。
    ★根据这句话,我们可以知道:
    　A 我没带伞　　　　　　　B 经理也迟到了　　　　　C 经理不喜欢下雨

69. 现在大家都有手机,很方便。但是因为不知道什么时候会有电话来,所以我
    睡觉或开会的时候就不开手机。
    ★我认为:
    　A 手机不方便　　　　　　B 手机会带来问题　　　　C 有时候需要关手机

70. 小张跑得很快,小王跑得更快。但是他们两个都没有我快。
    ★根据这句话,我们可以知道:
    　A 我最快　　　　　　　　B 小王最快　　　　　　　C 小张比小王快

三、书 写

第一部分

第 71-75 题

例如：打篮球　对　不　我　感兴趣

　　　<u>我对打篮球不感兴趣。</u>

71. 哥哥　　手表　块　一　送　我

72. 上班　　时候　　明天　你　　什么

73. 鸟　　很多　　上　　树　　有

74. 公园　　这　　大　　真　　个

75. 下午　　昨天　　我们　　踢足球　去　了　学校

第 二 部 分

第 76-80 题

例如：这儿（ 离 ）火车站很远。
（lí above 离）

76. 小时候，我很喜欢听奶奶讲（　　gù　　）事。

77. 星期天晚上我们班要表（　　yǎn　　）节目，你来看吗？

78. 这个药没有什么作（　　yòng　　），我不吃了。

79. 这次考试我考了 90（　　fēn　　）。

80. 我不喝饮料，我想喝一点儿（　　kā　　）啡。

新汉语水平考试
HSK（三级）
全真模拟题 3

注　意

一、HSK（三级）分三部分：

　　1. 听力（40 题，约 35 分钟）

　　2. 阅读（30 题，30 分钟）

　　3. 书写（10 题，15 分钟）

二、**听力结束后，有 5 分钟填写答题卡。**

三、全部考试约 90 分钟（含考生填写个人信息时间 5 分钟）。

中国　北京　　　　　　　　✕✕✕✕/✕✕✕✕✕✕　编制

一、听　力

第一部分

第1-5题

A

B

C

D

E

F

例如：男：你现在吃不吃晚饭？

　　　女：我看电视呢，过一会儿再吃。　　　C

1.

2.

3.

4.

5.

第 6-10 题

A

B

C

D

E

6. ☐

7. ☐

8. ☐

9. ☐

10. ☐

第 二 部 分

第 11-20 题

例如：为了准备下次考试, 他现在每天都去图书馆学习三个小时。

　　★他希望自己能有好成绩。　　　　　　　　　　　　　(✓)

　　小王的丈夫给她买了一条裙子, 漂亮极了。

　　★小王没有结婚。　　　　　　　　　　　　　　　　(✗)

11. ★他一直都很喜欢爬山。　　　　　　　　　　　　　(　　)

12. ★我下午去商店买了很多东西。　　　　　　　　　　(　　)

13. ★我喜欢熊猫。　　　　　　　　　　　　　　　　　(　　)

14. ★昨天他们没有坐公共汽车去公园。　　　　　　　　(　　)

15. ★明天是晴天。　　　　　　　　　　　　　　　　　(　　)

16. ★今年我们学校有 100 多个外国学生。　　　　　　(　　)

17. ★张老师拿了我的杯子。　　　　　　　　　　　　　(　　)

18. ★我的电话是 86707391。　　　　　　　　　　　　(　　)

19. ★我哥哥喜欢用信用卡。　　　　　　　　　　　　　(　　)

20. ★我晚上睡觉不喜欢关灯。　　　　　　　　　　　　(　　)

第 三 部 分

第 21-30 题

例如：女：你的冰箱什么时候坏的？

男：我也不知道，我上个星期出去旅游了，回来就这样了。

问：男的上个星期在哪儿？

A 在家　　　　　　B 去别的地方玩儿了√　　　C 在公司上班

21.　A 她不喜欢喝酒　　　B 她想知道喝什么酒　　C 今天晚上不能喝酒

22.　A 篮球　　　　　　　B 足球　　　　　　　　C 篮球和足球

23.　A 下雨没有关系　　　B 坐出租车比较快　　　C 他现在没办法接她

24.　A 她喜欢男的做饭

　　　B 她不知道要多少钱

　　　C 她觉得去饭店吃饭很贵

25.　A 医院　　　　　　　B 教室　　　　　　　　C 图书馆

26.　A 想让男的帮她　　　B 不要男的帮忙　　　　C 她觉得行李不多

27.　A 50 多公斤　　　　　B 80 多公斤　　　　　　C 100 多公斤

28.　A 找房子　　　　　　B 找朋友　　　　　　　C 找工作

29.　A 男的　　　　　　　B 张老师　　　　　　　C 张老师决定

30.　A 7 点 30　　　　　　B 7 点 50　　　　　　　C 8 点

第 四 部 分

第 31-40 题

例如：女：你看这一张，这是我爸爸和我妈妈。

男：你妈妈也很漂亮。

女：你觉得我像爸爸还是像妈妈？

男：都像，鼻子像爸爸，眼睛像妈妈。

问：他们在做什么？

A 看女的的爸爸　　　　B 看照片儿√　　　　C 看女的的妈妈

31.　A 他是学生　　　　B 他以前来过中国　　　　C 他小时候就会用筷子

32.　A 她家里没人　　　　B 她没带手机　　　　C 她不住以前的地方

33.　A 小猫　　　　B 熊猫　　　　C 小狗

34.　A 坐船　　　　B 坐火车　　　　C 坐飞机

35.　A 找包　　　　B 找书　　　　C 给男的看照片

36.　A 认识那个女孩儿

　　　B 跟女孩儿学汉语

　　　C 和女孩儿一起去中文学校

37.　A 开会　　　　B 上课　　　　C 去饭店吃饭

38.　A 飞机上　　　　B 出租车上　　　　C 公共汽车上

39.　A 打电话　　　　B 看电视　　　　C 听音乐

40.　A 生病了　　　　B 天气不好　　　　C 穿得比较少

二、阅 读

第 一 部 分

第 41-45 题

A 知道了,你放心吧。

B 我再玩儿 5 分钟,好不好?

C 他在听音乐呢。

D 才 5 点 40,我的手表快 5 分钟。

E 我觉得都很好。

F 一杯牛奶,两个鸡蛋。

例如:你出来的时候,小张在做什么? （ C ）

41. 外面天黑了,几点钟了? （ ）

42. 早饭你一般吃什么? （ ）

43. 你第一次去国外,要学会照顾自己啊。 （ ）

44. 这两双皮鞋你喜欢哪一双? （ ）

45. 你怎么一边做作业一边打游戏? （ ）

第 46-50 题

A 这是我的习惯。

B 你一定要看看这本书，太有意思了。

C 是啊，爷爷奶奶都很喜欢他。

D 好啊，但是我不太会跳。

E 不是，她是我的同事。

46. 左边那位是你妻子吗？ （ ）

47. 你的房间怎么总是这么干净啊？ （ ）

48. 你一个人在那儿笑什么呢？ （ ）

49. 你好，我可以请你跳个舞吗？ （ ）

50. 这小孩儿的嘴真甜啊。 （ ）

第 二 部 分

第 51-55 题

　　　A 爱好　　　B 遇到　　　C 饱　　　D 菜单　　　E 条　　　F 提高

例如：小姐，请把（ D ）给我看一下。

51. 你的足球水平有了很大（　　　），已经和我差不多了。

52. 我这个人很简单，也没有什么特别的（　　　）。

53. 我想买（　　　）鱼回家给猫吃。

54. 你（　　　）了吗？要不要再给你来点儿米饭？

55. 昨天在机场我（　　　）了王老师和她丈夫。

第 56-60 题

　　A 大家　　B 张　　C 除了　　D 几　　E 变化　　F 客气

例如：A:谢谢你啊,小王。
　　　B:不(F),再见。

56. A:同学们都来了吗?
　　 B:(　　)张东,别的同学都到了。

57. A:(　　)晚上好,我来介绍一下,这是马校长。
　　 B:同学们好。

58. A:三年不见,你还是没有什么(　　)。
　　 B:你不也是吗?

59. A:你来看看这(　　)照片。
　　 B:不错,是你拍的吗?

60. A:香蕉(　　)块钱一斤?
　　 B:3 块,多买可以便宜一点儿。

第 三 部 分

第 61-70 题

例如：你要去中国银行啊？就在前面，你向前走，在路的右边有个医院，医院的
旁边就是。

    ★中国银行在哪儿？

    A 医院后边   B 医院旁边 √   C 路的左边

61. 我新买了一个照相机，但是照的照片儿很不清楚，下午我要去换一个。

    ★下午我去做什么？

    A 换照相机   B 换张照片儿   C 再买个照相机

62. 是小张啊，我还以为是我邻居呢。外面冷，快请进。

    ★小张现在在哪儿？

    A 在路上   B 在我家门口   C 在我邻居家

63. 上午还有太阳，下午就下雪了，现在天气变化真快，明天我要多穿点儿衣服
来上班了。

    ★现在是什么季节？

    A 夏天   B 秋天   C 冬天

64. 昨天晚上你怎么没来？我和张东等了你半个小时就先走了。昨晚那个电影
特别有意思。

    ★昨天我和张东去哪儿了？

    A 去老师家了   B 去看电影了   C 去饭店了

65. 这是我的房间，里面有一张床、一张桌子和一把椅子。桌子上放着很多书。
我的房间虽然有点儿旧，但是很干净，也很安静。

    ★我的房间怎么样？

    A 很新   B 很大   C 有很多书

66. 明天是我的生日,我不要什么礼物,只希望我们一家人,爷爷、奶奶、爸爸、妈妈可以在一起吃饭,因为我爸爸妈妈都很忙,总是不回家吃饭。

★我家有几口人?

A 四口　　　　　　　B 五口　　　　　　　C 六口

67. 刚才我去商店买了两斤苹果、四斤羊肉,还有三个面包。苹果四块钱一斤,面包一块一个。羊肉太贵了,十块钱一斤。

★刚才我在商店一共花了多少钱?

A 三十九块　　　　　B 五十块　　　　　　C 五十一块

68. 我马上就要离开我的学校了。我在这里学习了三年,这里有我的老师,还有很多好朋友。离开他们我真的很难过。

★离开学校我觉得怎么样?

A 很高兴　　　　　　B 不高兴　　　　　　C 很担心

69. 服务员,我的菜好了吗? 现在都 8 点一刻了,我都来了 40 分钟了。

★我什么时候到这儿的?

A 8 点 15　　　　　　B 8 点　　　　　　　C 7 点 35 分

70. 我是去年来北京学习汉语的。今年夏天我去中国的南方旅游,那儿有很多人不会说普通话,我向他们问路的时候听不懂他们说什么。

★根据这句话,我们可以知道:

A 我经常去旅游　　　B 我汉语说得不好　　C 我去过中国南方

三、书 写

第 一 部 分

第71-75题

例如：需要　　换　　新　　了　　词典　　你　　一本

<u>你需要换一本新词典了。</u>

71. 她　　的　　比　　头发　　长　　我

72. 次　　这　　成绩　　的　　考试　　出来　　终于　　了

73. 国家　　你们　　从　　这儿　　到　　多　　远　　有

74. 是　　这　　伞　　谁的

75. 以前　　你　　完成　　10点　　吗　　能

第 二 部 分

第 76-80 题

例如：这是中国的（ 绿 ）茶，你觉得怎么样？
（例如上方：lǜ）

76. 您好，请问您（ guì ）姓？

77. 身体健（ kāng ）比什么都重要。

78. 你别太着（ jí ）了，可能它会自己回来。

79. 他喜欢一边（ xǐ ）澡一边唱歌。

80. 这件事情（ zhǐ ）有你和我知道。

新汉语水平考试
HSK（三级）
全真模拟题 4

注　　意

一、HSK（三级）分三部分：

　　1. 听力（40题，约35分钟）

　　2. 阅读（30题，30分钟）

　　3. 书写（10题，15分钟）

二、听力结束后，有 **5 分钟填写答题卡**。

三、全部考试约 90 分钟（含考生填写个人信息时间 5 分钟）。

中国　北京　　　　　　　　　　　×××× / ×××××× 　编制

一、听　力

第一部分

第 1-5 题

A

B

C

D

E

F

例如：男：喂，你在哪儿？

女：我在办公室开会，等一会儿我打给你。　　　E

1.　　　☐

2.　　　☐

3.　　　☐

4.　　　☐

5.　　　☐

第 6-10 题

A

B

C

D

E

6. ☐

7. ☐

8. ☐

9. ☐

10. ☐

第 二 部 分

第 11-20 题

例如：为了学习更多知识，他每天都去图书馆看书。

　　★他希望自己有更多知识。　　　　　　　　　　　　（ ✓ ）

　　我今天到公司才发现我的手表不见了，我认真地想了想，可能放在家里了。中午我妻子打电话给我，怎么洗衣机里有一块手表，已经不走了。

　　★那块手表在公司。　　　　　　　　　　　　　　　（ ✗ ）

11. ★今天我骑自行车去学校。　　　　　　　　　　　　（　　）

12. ★他是中国人。　　　　　　　　　　　　　　　　　（　　）

13. ★她不喜欢爸爸。　　　　　　　　　　　　　　　　（　　）

14. ★我要给弟弟一个礼物。　　　　　　　　　　　　　（　　）

15. ★我现在不会用筷子。　　　　　　　　　　　　　　（　　）

16. ★电脑的作用非常大。　　　　　　　　　　　　　　（　　）

17. ★小王是男孩子。　　　　　　　　　　　　　　　　（　　）

18. ★我怕冷，没有出去玩儿。　　　　　　　　　　　　（　　）

19. ★姐姐想买很多漂亮衣服。　　　　　　　　　　　　（　　）

20. ★我没有帮弟弟解决问题。　　　　　　　　　　　　（　　）

第 三 部 分

第 21-30 题

例如：女：能不能把音乐关了？声音太大了，我头疼。
　　　男：对不起，我马上关。你睡一会儿吧，我去给你买点儿药。
　　　问：女的想让男的做什么？
　　　　　A 关音乐√　　　　　B 买药　　　　　　C 睡觉

21.　　A 学校　　　　　　B 超市　　　　　　C 饭店

22.　　A 8：15　　　　　　B 8：45　　　　　　C 9：15

23.　　A 学校　　　　　　B 家里　　　　　　C 医院

24.　　A 商店　　　　　　B 图书馆　　　　　C 办公室

25.　　A 四块　　　　　　B 十块　　　　　　C 两块五

26.　　A 跳舞　　　　　　B 回家　　　　　　C 看电影

27.　　A 妈妈　　　　　　B 同学　　　　　　C 老师

28.　　A 不太好　　　　　B 比较好　　　　　C 特别好

29.　　A 生病　　　　　　B 锻炼　　　　　　C 工作太累

30.　　A 找不到家　　　　B 找不到车　　　　C 包丢了

58

第 四 部 分

第 31-40 题

例如：男：今天做了什么菜？

女：在桌上，你自己看。

男：啊，是我最爱吃的羊肉，我能吃两碗饭。

女：吃完了你洗碗，可以吧？我累了，想休息休息。

问：吃完饭男的要做什么？

A 做菜   B 洗碗√   C 休息

31. A 旅游   B 搬家   C 买东西

32. A 走路   B 喝咖啡   C 坐出租车

33. A 秋天   B 夏天   C 冬天

34. A 照相   B 开会   C 买蛋糕

35. A 包里   B 桌子上   C 帽子下面

36. A 一块五   B 两块五   C 十五块

37. A 朋友   B 服务员和客人   C 丈夫和妻子

38. A 结婚   B 开会   C 打电话

39. A 学校   B 商店   C 家里

40. A 10 月 22 号   B 10 月 21 号   C 11 月 22 号

二、阅　读

第 一 部 分

第 41-45 题

A 他为什么这么难过?

B 这种裙子有红色的和蓝色的,您要哪一条?

C 今天是你的生日,送你一本笔记本,希望你快乐!

D 我们是去打篮球还是在家上网?

E 你在中国的时候经常给家里打电话吗?

F 喂,是机场办公室吗?

例如:这里是医院,你打错了。　　　　　　　　　　　　(F)

41. 别出去了,外边下着雪呢,太冷了。　　　　　　　　　(　　)

42. 两条都要,一共多少钱?　　　　　　　　　　　　　(　　)

43. 当然,但是写电子邮件更方便。　　　　　　　　　　(　　)

44. 谢谢你的礼物,我真的很喜欢。　　　　　　　　　　(　　)

45. 他一直很努力,但是成绩还是不好。　　　　　　　　(　　)

第 46-50 题

A 你的房间里怎么这么热?

B 这个饭店的菜真好吃,下次我还来这儿。

C 知道了,妈妈,我马上就开始复习。

D 他虽然不是中国人,但是非常了解中国文化。

E 北京很漂亮,你一定要去看看。

46. 你不知道吧,他的妻子是中国人。　　　　　　　　　　　(　)

47. 空调坏了,我正打算换一个房间呢。　　　　　　　　　　(　)

48. 别看电视了,你应该准备明天的考试了。　　　　　　　　(　)

49. 除了北京,中国的大城市我几乎都去过。　　　　　　　　(　)

50. 可是我觉得很一般。　　　　　　　　　　　　　　　　　(　)

第 二 部 分

第 51-55 题

　　　A 号　　　B 方便　　　C 图书馆　　　D 身体　　　E 感冒　　　F 贵

例如：昨天她去(C)借书了。

51. 明天是八月六(　　　),是爷爷的生日。

52. 我家旁边有地铁,非常(　　　)。

53. 天气冷了,请注意(　　　)。

54. 这双皮鞋很漂亮,也不(　　　)。

55. 弟弟今天(　　　)了,没去学校。

第 56-60 题

A 把　　B 渴　　C 迟到　　D 块　　E 成绩　　F 运动

例如：A:快起床,要(C)了。
　　　B:今天是星期六。

56. A:你好,苹果怎么卖?
　　 B:大的四(　　)钱一斤,小的便宜一些。

57. A:我有点儿(　　)了,有喝的东西吗?
　　 B:冰箱里有饮料和茶。

58. A:你妹妹(　　)怎么样?
　　 B:非常好,她很聪明。

59. A:你有什么爱好?
　　 B:我最喜欢唱歌和(　　)。

60. A:谁(　　)我的词典拿走了?
　　 B:在我这儿,一会儿就给你。

第 三 部 分

第 61-70 题

例如：我买了今天下午 3 点的火车票,现在快 2 点 40 了,路上车很多,我终于在 2 点 40 到了火车站。

　　★火车几点开?

　　A 3:00 √　　　　　　B 2:15　　　　　　C 2:40

61. 我每周一、三、五跑步,二、四、六游泳,周日去爬山。

　　★我周六做什么?

　　A 爬山　　　　　　B 游泳　　　　　　C 跑步

62. 今天爸爸坐的航班起飞时间是早上 7 点,降落时间是下午 3 点,终于可以见到爸爸了。

　　★飞机飞了几个小时?

　　A 六个小时　　　　B 七个小时　　　　C 八个小时

63. 北京有很多有名的山,天不冷的时候,很多人爬山锻炼身体。秋天山上非常漂亮,很多人来旅游。

　　★在什么季节北京的山上人可能很少?

　　A 春天　　　　　　B 秋天　　　　　　C 冬天

64. 昨天我参加了学校的汉语考试,我觉得比较容易,小张觉得很难,但今天成绩出来了,我考了 70 分,小张比我多 15 分。

　　★小张考了多少分?

　　A 55 分　　　　　　B 70 分　　　　　　C 85 分

65. 今天妈妈过生日,我们去饭店吃饭。服务员问我们喝什么,我想喝啤酒,爸爸说喝茶对身体好,妈妈也同意。

★我们喝什么?

A 茶　　　　　　B 饮料　　　　　　C 啤酒

66. 我骑自行车去学校,但是骑了一会儿车坏了。我就去等公共汽车,等了很长时间车还没来,快迟到了,我正着急的时候,开过来一辆出租车。

★我是怎么到学校的?

A 骑自行车　　　B 坐出租车　　　C 坐公共汽车

67. 同学感冒了,可是她不想去医院。我对她说:"没关系,你回家多喝点儿水,休息休息,感冒就好了。"

★我的同学最不可能做的事情是:

A 喝水　　　　　B 睡觉　　　　　C 去医院

68. 我去找小李借照相机,但是已经被小李邻居借走了,小李说小王的妹妹可以帮助我。

★我可能会借谁的照相机?

A 小李　　　　　B 小王　　　　　C 小王的妹妹

69. 星期三早上,我8点起床后开始刷牙洗脸,到银行的时候已经9点了,人多极了,所以我就先去了附近的商店,买了很多水果,差10分11点的时候,我回到了银行,人已经不多了。

★我第二次到银行的时候是几点?

A 9:00　　　　　B 10:50　　　　　C 11:10

70. 今天晚上有足球比赛,但是我明天有考试。看还是不看呢?妈妈说比赛可以考完试上网看,所以我决定好好儿复习,准备明天的考试。

★今天晚上我要做什么?

A 上网　　　　　B 看比赛　　　　　C 准备考试

三、书　写

第　一　部　分

第 71-75 题

例如：西瓜　　有　　冰箱　　里

　　　冰箱里有西瓜。

71. 开始　　马上　　比赛　　要　　了

72. 弟弟　　一样　　哥哥　　跟　　高

73. 结婚　　没有　　你　　了

74. 飞机　　北京　　来　　是　　坐　　他　　的

75. 学校　　同学　　叫　　去　　打篮球　　我

第 二 部 分

第 76-80 题

例如：她的头发很（　长　）。
_{cháng}

76. 今天比昨天（　　　　）冷。
_{gèng}

77. 你喜欢什么（　　　　）儿？
_{huā}

78. 词典多（　　　　）钱一本？
_{shao}

79. 现在是九点三（　　　　）。
_{kè}

80. 他买了（　　　　）个手机。
_{liǎng}

新汉语水平考试
HSK（三级）
全真模拟题 5

注　　意

一、HSK（三级）分三部分：

　　1. 听力（40题，约35分钟）

　　2. 阅读（30题，30分钟）

　　3. 书写（10题，15分钟）

二、听力结束后，有 5 分钟填写答题卡。

三、全部考试约 90 分钟（含考生填写个人信息时间 5 分钟）。

中国　北京　　　　　　　　　　　××××/×××××× 编制

一、听 力

第 一 部 分

第 1-5 题

A B

C D

E F

例如：男：他们怎么还没到？

女：可能在路上，我们再等等吧。

D

1. ☐

2. ☐

3. ☐

4. ☐

5. ☐

第 6-10 题

A

B

C

D

E

6. ☐

7. ☐

8. ☐

9. ☐

10. ☐

第 二 部 分

第 11-20 题

例如：为了健康，他每天早上六点起床去跑步。

    ★他很注意自己的身体。 （ ✓ ）

    昨天考试结束时一个女同学在哭，我觉得很奇怪，问了其他的同学，才知道她忘记写自己的名字了。

    ★这个女同学昨天没参加考试。 （ ✕ ）

11. ★图书馆以前没有电梯。 （ ）

12. ★铅笔一块五一根。 （ ）

13. ★我对这个宾馆的服务很满意。 （ ）

14. ★我对电脑不感兴趣。 （ ）

15. ★洗手间在一楼。 （ ）

16. ★我喜欢讲故事。 （ ）

17. ★他今天是开车来的。 （ ）

18. ★会议结束后考试。 （ ）

19. ★昨天我忘记带书了。 （ ）

20. ★经理要坐飞机去北京。 （ ）

第 三 部 分

第 21-30 题

例如：男：明天可能要下雨,去机场接奶奶时记得带伞。

女：我看过电视了,这个星期没有雨。

问：男的想让女的做什么？

A 接爷爷   B 坐出租车   C 带伞 √

21.   A 医生   B 老师   C 出租车司机

22.   A 女的   B 弟弟   C 男的

23.   A 工作   B 运动   C 学习

24.   A 三年   B 一年   C 五年

25.   A 很矮   B 现在很高   C 去年比我高

26.   A 星期一   B 星期五   C 星期日

27.   A 米饭   B 面条   C 面包

28.   A 银行   B 商店   C 机场

29.   A 公园   B 商店   C 图书馆

30.   A 爬山   B 跳舞   C 打篮球

第 四 部 分

第 31—40 题

例如：女：你看见我买的苹果了吗？
　　　男：没看见啊，你放在哪儿了？
　　　女：我放在冰箱里了，昨晚放的。
　　　男：是不是孩子早上把它吃了？
　　　问：女的在做什么？

A 起床　　　　　　B 吃饭　　　　　　C 找苹果 ✓

31.　A 上课　　　　　B 搬家　　　　　C 去医院

32.　A 钱更重要　　　B 工作更重要　　C 身体更重要

33.　A 节日　　　　　B 周末　　　　　C 春节

34.　A 很远　　　　　B 很干净　　　　C 服务员不好

35.　A 上网　　　　　B 上课　　　　　C 买东西

36.　A 猫　　　　　　B 狗　　　　　　C 熊猫

37.　A 钱　　　　　　B 空调　　　　　C 自行车

38.　A 男的的妹妹　　B 男的的妻子　　C 男的的妈妈

39.　A 男的的衣服　　B 男的说话　　　C 男的的爱好

40.　A 希望下课　　　B 喜欢他的手表　C 有看手表的习惯

二、阅 读

第 一 部 分

第 41-45 题

A 真对不起，我马上把它关了。

B 今天怎么有时间来我这儿？

C 不知道，朋友送的。

D 现在动物比人还舒服啊。

E 谁看见我的手机了？

F 我们认识十年了，我很了解你。

例如：音乐声音太大了，影响我学习了。　　　　　　（ A ）

41. 你这件衣服真漂亮，多少钱？　　　　　　　　　（　　）

42. 那你为什么不相信我？　　　　　　　　　　　　（　　）

43. 你今天带手机了吗？　　　　　　　　　　　　　（　　）

44. 熊猫的房间里有空调。　　　　　　　　　　　　（　　）

45. 我来看你呀。　　　　　　　　　　　　　　　　（　　）

第 46-50 题

A 对不起，我正忙着，等一会儿告诉你吧。

B 我已经准备好了，在左边的包里。

C 冬天到了，天气越来越冷。

D 这几天经常刮风，不方便出门。现在我每天早上打扫房间，也是一种运动。

E 没了，我正在洗呢！

46. 你把护照放在哪儿了？一会儿要检查。　　　　　（　　）

47. 是啊，人们的衣服也越穿越多了。　　　　　（　　）

48. 这个句子什么意思？我不懂，你能告诉我吗？　　　　　（　　）

49. 还有干净的盘子吗？　　　　　（　　）

50. 你最近还是每天早上去公园锻炼吗？　　　　　（　　）

第 二 部 分

第 51-55 题

　　　　A 所以　　　B 干净　　　C 次　　　D 孩子　　　E 根据　　　F 主要

例如：他的汉语水平提高得很快，（ F ）是因为他遇到了一位好老师。

51. 她有两个（　　），发现比没孩子以前更忙了。

52. 我上课迟到了，（　　）老师很不高兴。

53. （　　）人们的要求，超市周末也开门了。

54. 弟弟很聪明，每（　　）考试成绩都很好。

55. 这件衬衫是（　　）的，不用再洗了。

第 56-60 题

A 旁边　　B 同事　　C 以为　　D 斤　　E 马上　　F 方便

例如：A:买条鱼吧,这鱼非常新鲜!
　　　B:多少钱一(D)?

56. A:这个老师上课时用的词太难了,我们都听不懂。
　　 B:她可能(　　)我们都是中国人。

57. A:这个问题必须(　　)解决,时间不等人呀!
　　 B:我再想想,别着急。

58. A:超市在哪儿?
　　 B:很近,就在学校的(　　),两分钟就能到。

59. A:你觉得应该选择什么样的生活环境?
　　 B:还是大城市好,去哪里都很(　　)。

60. A:你什么时候学会开车的?
　　 B:今年夏天和一个(　　)一起去学的。

第 三 部 分

第 61-70 题

例如：她找了两件衬衫，最后决定明天穿白色的。

　　★明天她衣服的颜色可能是：

　　A 白色 ✓　　　　　　B 黑色　　　　　　C 红色

61. 中国有句话叫"饭后百步走，活到九十九"。

　　★这句话是让人们：

　　A 多运动　　　　　　B 多吃饭　　　　　　C 多说话

62. 虽然外面很冷，鼻子和耳朵都红了，他还是喜欢在天冷的时候游泳。

　　★他喜欢：

　　A 冷的地方　　　　　B 在夏天游泳　　　　C 在冬天游泳

63. 我儿子不爱学习，就喜欢玩儿电脑游戏。我说了多少次了，他就是不听，我有什么办法？

　　★我现在觉得怎么样？

　　A 高兴　　　　　　　B 着急　　　　　　　C 满意

64. 昨天我 7 点起床，8 点离开家去学校，9 点半才到，迟到了一个小时，老师很生气。

　　★学校几点上课？

　　A 八点　　　　　　　B 九点　　　　　　　C 八点半

65. 两块七一斤，我买了三斤，一共八块一，八块可以吧？

　　★买东西的人想给多少钱？

　　A 两块七　　　　　　B 八块一　　　　　　C 八块

66. 除了工作,我和妻子还经常骑车去其他城市,一是想锻炼身体,二是想看看朋友,三是可以去旅游,了解不同的文化。

★我和妻子骑车去其他城市不是为:

A 工作　　　　　　B 见朋友　　　　　　C 锻炼身体

67. 怎么向你们介绍呢? 虽然我的普通话说得好,但其实我不是北京人。我刚从外地来北京,对北京还有点儿不习惯,希望有机会能在这里多认识一些朋友,多了解北京。

★我在做什么?

A 介绍自己　　　　B 学普通话　　　　C 在北京旅游

68. 小马,我的照相机很长时间没用,不知道放在哪儿了,能把你的借给我用一下吗? 明天就还你。

★我正在做什么?

A 借相机　　　　　B 还东西　　　　　C 找自己的相机

69. 报纸上说,吃苹果对身体有好处。人们经常说:每天吃一个苹果,就可以和医生说再见。但是人们最近发现,吃苹果的时间也非常重要,早上吃最健康,中午吃作用一般,晚上吃作用最差。

★什么时候吃苹果最健康?

A 早上　　　　　　B 中午　　　　　　C 晚上

70. 马经理九月初去上海,九月底从上海去国外,可能十一月回国。

★马经理在上海多长时间?

A 一个月　　　　　B 两个月　　　　　C 不到一个月

三、书 写

第一部分

第 71-75 题

例如：杯子　　一个　　有　　上　　桌子

桌子上有一个杯子。

71. 检查　　机场　　护照　　必须　　客人　　的

72. 喜欢　　特别　　老师　　我们　　和　　聊天

73. 唱歌　　我　　害怕　　很

74. 电脑　　喜欢　　游戏　　男孩子　　玩儿

75. 经过　　地铁　　不　　这儿　　以前　　2012 年

第 二 部 分

第 76–80 题

例如：八月十五的（ 月 ^{yuè} ）亮像一个大盘子。

76. 这位医（ ^{shēng} ）姓什么？

77. 这段时间北（ ^{fāng} ）的天气变得很快。

78. 我（ ^{xí} ）惯在洗澡后休息一会儿。

79. 经过一年的学习，大家的汉语水平提（ ^{gāo} ）了。

80. 大雪让世界变成了（ ^{bái} ）色。

新汉语水平考试 HSK(三级)全真模拟题 1 听力材料

(音乐,30秒,渐弱)

大家好！欢迎参加 HSK(三级)考试。
大家好！欢迎参加 HSK(三级)考试。
大家好！欢迎参加 HSK(三级)考试。

HSK(三级)听力考试分四部分,共40题。
请大家注意,听力考试现在开始。

第 一 部 分

一共 10 个题,每题听两次。

例如：男：喂,请问张经理在吗？
　　　女：他正在开会,您过半个小时再打吧。

现在开始第 1 到 5 题：

1. 女：服务员,能把菜单再给我看一下吗？
　　男：好的,给您。

2. 男：这是我昨天刚买的衬衫,你觉得怎么样？
　　女：不错,在哪儿买的？我也很想买一件。

3. 男：你在那儿做什么呢？
　　女：我在打扫呢。

4. 男：坐了 5 个小时飞机累不累？
　　女：还好,不太累。我吃了一点儿东西,还听了一会儿音乐。

5. 女：香蕉多少钱一斤？
   男：一斤六块，两斤十块。

现在开始第 6 到 10 题：

6. 女：这个小狗聪明极了。
   男：是啊，昨天它帮我找到了我的帽子。

7. 男：你家旁边有河吗？
   女：有，我弟弟经常去那里游泳。

8. 女：这儿怎么会有一个鸡蛋？
   男：这是妈妈给我准备的早饭，但是我不喜欢吃。

9. 男：明天要刮风下雨。
   女：那出门的时候带上伞。

10. 女：王经理，这是您的茶。还有什么事儿吗？
    男：好的，谢谢。明天我们开个会。

第 二 部 分

一共 10 个题，每题听两次。

例如：为了让自己更健康，他每天都花一个小时去锻炼身体。
    ★他希望自己很健康。

    今天我想早点儿回家。看了看手表，才 5 点。过了一会再看表，还是 5 点，我这才发现我的手表不走了。
    ★那块儿手表不是他的。

现在开始第 11 题：

11. 我爸爸是一家医院的医生,妈妈是老师,他们工作都很忙。我在学校学习,
也很忙。
★他现在是学生。

12. 你知道学校附近哪儿有安静一点儿的宾馆吗? 后天我妈妈来,我想找一个
地方给她住。
★他妈妈要来学校看他。

13. 喂,张东吗? 请到我办公室来一下儿,帮我把桌子上的书搬到教室里。
★张东要去帮老师搬桌子。

14. 啊,这么多人在等 137 啊。我们别等了,坐出租车去吧。
★他们现在在公共汽车站。

15. 你不知道吧? 小王参加了我们学校的唱歌比赛,还得了第一名。
★小王歌唱得非常好。

16. 你的房子不错,就是洗手间小了一点儿。我再看看,晚上给你打电话吧。
★他对这个房子非常满意。

17. 新的一年快到了,我想给我的汉语老师发个电子邮件,希望他新年快乐。
★他已经给老师发了电子邮件。

18. 我跟中国人一样喜欢喝茶,但是,我喜欢甜的茶。
★他喝茶的习惯跟中国人一样。

19. 我家后面有一个小公园,每天早上我爷爷都在那里锻炼身体。
★他爷爷经常去公园锻炼身体。

20. 我妹妹很喜欢小动物,特别是小狗。

★我很喜欢小狗。

第 三 部 分

一共 10 个题,每题听两次。

例如:男:小王,帮我开一下门,好吗? 谢谢!

　　女:没问题。您去超市了? 买了这么多东西。

　　问:男的想让小王做什么?

现在开始第 21 题:

21. 男:我马上要回国了,我房间里的冰箱就送给你吧。

　　女:那我就不客气了。

　　问:女的要不要男的的冰箱?

22. 女:今天你的房间怎么这么干净? 我还以为走错了呢。

　　男:今天是小张的生日,我们要在这里给他过生日。

　　问:关于男的的房间我们可以知道什么?

23. 女:小李要结婚了,你送他什么礼物啊?

　　男:我朋友上次给我的包我觉得很不错,我昨天又去买了一个。

　　问:男的送小李的包是从哪儿来的?

24. 女:请问你们喝点儿什么?

　　男:给我来一杯茶,给他来一杯咖啡。

　　问:男的可能在和谁说话?

25. 女:你说买这条黑色的裙子还是买那条白色的? 我听你的。

　　男:我看啊,都没有刚才那条红色的好。

　　问:女的最后会买什么颜色的裙子?

26. 男：小王，下课后你去哪儿？

女：我要去买本词典，再买条裤子，然后去电影院看电影。

问：女的可能会先去哪儿？

27. 男：妈妈，这次考试我得了90分。

女：太好了，我说对了吧，努力学习就一定能学好。

问：你觉得这个孩子以前的成绩怎么样？

28. 男：你渴吗？我去给你买杯饮料吧。

女：我不喝饮料，容易长胖，还是喝水吧。

问：女的为什么不愿意喝饮料？

29. 男：小王，下雪了，你快进来吧，你的感冒还没好呢。

女：没关系，很久没下雪了，我想看看。

问：女的怎么了？

30. 女：你今天怎么回来这么早？

男：下午公司让我去银行，从银行出来已经快五点了，又没其他事儿，我就没回公司。

问：男的为什么回来这么早？

第 四 部 分

一共10个题，每题听两次。

例如：女：晚饭做好了，准备吃饭了。

男：等一会儿，比赛还有三分钟就结束了。

女：快点儿吧，一起吃，菜冷了就不好吃了。

男：你先吃，我马上看完了。

问：男的在做什么？

现在开始第 31 题：

31. 女：你快点儿吃，电影马上就要开始了。
    男：你先去水果店买点儿水果吧。
    女：好啊，一会儿在饭店前边的商店等你。
    男：好的。
    问：他们一会儿在哪儿见面？

32. 女：小马，才两个月不见，你怎么这么瘦了？
    男：你不知道吧，我每天都去跑步呢。
    女：是吗？那你明天什么时候去？我跟你一起去好吗？
    男：好啊。
    问：女的明天和男的去做什么？

33. 女：最近经常下雪，太冷了。
    男：是啊，我喜欢这里的夏天和秋天，不喜欢冬天。
    女：我也不喜欢冬天，春天赶快来吧。
    男：快啦。
    问：现在是什么季节？

34. 女：你女儿结婚了吧？
    男：没呢，她快 30 了，我们也很着急。
    女：我认识一个年轻老师，给你女儿介绍介绍，好吗？
    男：好啊。
    问：男的的女儿可能多大了？

35. 男：等了很长时间了吧。你是什么时候来的？
    女：我 10 点半就来了，等了一个小时。
    男：对不起，我不认识路。
    女：没关系。
    问：现在可能几点了？

36. 女:你怎么回去啊?
　　男:我还是骑自行车回去。
　　女:能借我五十块钱打车吗?
　　男:没问题。
　　问:女的怎么回去?

37. 男:你有关于北京历史的书吗?
　　女:没有,但是我上次在图书馆看见过。
　　男:是吗? 在一楼还是二楼?
　　女:二楼。
　　男:好,我下午去找找。
　　问:男的下午去做什么?

38. 女:我看你很喜欢体育运动。
　　男:除了游泳不会,足球、篮球我都非常喜欢。你呢?
　　女:我只会游泳。你可以教我打篮球吗?
　　男:当然可以啊。
　　问:男的什么运动不好?

39. 男:考完试你想干什么?
　　女:我想去旅游、爬山。你呢?
　　男:我爸妈身体不好,我要回去看看他们。
　　女:你真是个好儿子啊。
　　问:男的考完试去哪儿?

40. 男:你昨天看新闻了吗?
　　女:没有,我家电视坏了。怎么了?
　　男:我在电视上看见马老师了。
　　女:真的吗? 我打电话问问他。
　　问:女的为什么没看新闻?

听力考试现在结束。

新汉语水平考试 HSK(三级)全真模拟题 2 听力材料

(音乐,30秒,渐弱)

大家好！欢迎参加 HSK(三级)考试。
大家好！欢迎参加 HSK(三级)考试。
大家好！欢迎参加 HSK(三级)考试。

HSK(三级)听力考试分四部分,共 40 题。
请大家注意,听力考试现在开始。

第 一 部 分

一共 10 个题,每题听两次。

例如:女:我新买了一个帽子,你看怎么样?
　　　男:真漂亮,比上次那个蓝色的还要好看。

现在开始第 1 到 5 题:

1. 女:看,公共汽车来了。
　 男:我帮你拿东西。

2. 女:喂,张经理在吗?
　 男:他在休息,您过半个小时再打过来吧。

3. 男:哪个电脑是你的?
　 女:最右边那个,小一点儿的。

4. 男:这些盘子放在哪儿呢?
　 女:就放在桌子上吧。

5. 男:太热了,你怎么不开空调?
　　女:空调坏了。

现在开始第 6 到 10 题:

6. 男:别难过了,我们吃饭去吧。
　　女:我工作不能完成,心里很着急。

7. 男:你还在上网啊?
　　女:我看一下电子邮件,马上就回家。

8. 男:生日快乐!
　　女:谢谢。来,我们一起吃蛋糕吧。

9. 男:你的头发真长。
　　女:我喜欢长头发,我妈妈头发比我还长。

10. 女:请问洗手间在哪儿?
　　男:前面大门的左边就是。

第 二 部 分

一共 10 个题,每题听两次。

例如:你看,站在我左边的是我以前的同学,我右边的是我的同事。
　　　★他已经工作了。

　　　关于明天的考试,我还有很多问题要问老师。
　　　★明天的考试他已经准备好了。

新 汉 语 水 平 考 试
HSK（三级）答题卡

姓名

国籍 [0] [1] [2] [3] [4] [5] [6] [7] [8] [9]
　　　 [0] [1] [2] [3] [4] [5] [6] [7] [8] [9]
　　　 [0] [1] [2] [3] [4] [5] [6] [7] [8] [9]

性别　　　 男 [1]　　　 女 [2]

序号 [0] [1] [2] [3] [4] [5] [6] [7] [8] [9]
　　 [0] [1] [2] [3] [4] [5] [6] [7] [8] [9]
　　 [0] [1] [2] [3] [4] [5] [6] [7] [8] [9]
　　 [0] [1] [2] [3] [4] [5] [6] [7] [8] [9]
　　 [0] [1] [2] [3] [4] [5] [6] [7] [8] [9]

考点 [0] [1] [2] [3] [4] [5] [6] [7] [8] [9]
　　 [0] [1] [2] [3] [4] [5] [6] [7] [8] [9]
　　 [0] [1] [2] [3] [4] [5] [6] [7] [8] [9]

你是华裔吗?

年龄 [0] [1] [2] [3] [4] [5] [6] [7] [8] [9]
　　 [0] [1] [2] [3] [4] [5] [6] [7] [8] [9]

是 [1]　　　　 不是 [2]

学习汉语的时间：

1 年以下[1]　　 1 年–18 个月[2]　　 18 个月–2 年[3]　　 2 年–30 个月[4]　　 30 个月–3 年[5]　　 3 年以上[6]

注意　　　 请用 2B 铅笔这样写：■

一、听力

1. [A] [B] [C] [D] [E] [F]
2. [A] [B] [C] [D] [E] [F]
3. [A] [B] [C] [D] [E] [F]
4. [A] [B] [C] [D] [E] [F]
5. [A] [B] [C] [D] [E] [F]
6. [A] [B] [C] [D] [E] [F]
7. [A] [B] [C] [D] [E] [F]
8. [A] [B] [C] [D] [E] [F]
9. [A] [B] [C] [D] [E] [F]
10. [A] [B] [C] [D] [E] [F]

11. [√] [×]
12. [√] [×]
13. [√] [×]
14. [√] [×]
15. [√] [×]
16. [√] [×]
17. [√] [×]
18. [√] [×]
19. [√] [×]
20. [√] [×]
21. [A] [B] [C]
22. [A] [B] [C]
23. [A] [B] [C]
24. [A] [B] [C]
25. [A] [B] [C]

26. [A] [B] [C]
27. [A] [B] [C]
28. [A] [B] [C]
29. [A] [B] [C]
30. [A] [B] [C]
31. [A] [B] [C]
32. [A] [B] [C]
33. [A] [B] [C]
34. [A] [B] [C]
35. [A] [B] [C]
36. [A] [B] [C]
37. [A] [B] [C]
38. [A] [B] [C]
39. [A] [B] [C]
40. [A] [B] [C]

二、阅读

41. [A] [B] [C] [D] [E] [F]
42. [A] [B] [C] [D] [E] [F]
43. [A] [B] [C] [D] [E] [F]
44. [A] [B] [C] [D] [E] [F]
45. [A] [B] [C] [D] [E] [F]
46. [A] [B] [C] [D] [E] [F]
47. [A] [B] [C] [D] [E] [F]
48. [A] [B] [C] [D] [E] [F]
49. [A] [B] [C] [D] [E] [F]
50. [A] [B] [C] [D] [E] [F]

51. [A] [B] [C] [D] [E] [F]
52. [A] [B] [C] [D] [E] [F]
53. [A] [B] [C] [D] [E] [F]
54. [A] [B] [C] [D] [E] [F]
55. [A] [B] [C] [D] [E] [F]
56. [A] [B] [C] [D] [E] [F]
57. [A] [B] [C] [D] [E] [F]
58. [A] [B] [C] [D] [E] [F]
59. [A] [B] [C] [D] [E] [F]
60. [A] [B] [C] [D] [E] [F]

61. [A] [B] [C]
62. [A] [B] [C]
63. [A] [B] [C]
64. [A] [B] [C]
65. [A] [B] [C]
66. [A] [B] [C]
67. [A] [B] [C]
68. [A] [B] [C]
69. [A] [B] [C]
70. [A] [B] [C]

三、书写

71.

72.

73.

74.

75.

76.　　　 77.　　　 78.　　　 79.　　　 80.

新 汉 语 水 平 考 试
HSK（三级）答题卡

姓名

国籍 [0] [1] [2] [3] [4] [5] [6] [7] [8] [9]
　　 [0] [1] [2] [3] [4] [5] [6] [7] [8] [9]
　　 [0] [1] [2] [3] [4] [5] [6] [7] [8] [9]

性别　　　男 [1]　　女 [2]

序号 [0] [1] [2] [3] [4] [5] [6] [7] [8] [9]
　　 [0] [1] [2] [3] [4] [5] [6] [7] [8] [9]
　　 [0] [1] [2] [3] [4] [5] [6] [7] [8] [9]
　　 [0] [1] [2] [3] [4] [5] [6] [7] [8] [9]
　　 [0] [1] [2] [3] [4] [5] [6] [7] [8] [9]

考点 [0] [1] [2] [3] [4] [5] [6] [7] [8] [9]
　　 [0] [1] [2] [3] [4] [5] [6] [7] [8] [9]
　　 [0] [1] [2] [3] [4] [5] [6] [7] [8] [9]
　　 [0] [1] [2] [3] [4] [5] [6] [7] [8] [9]

你是华裔吗？

年龄 [0] [1] [2] [3] [4] [5] [6] [7] [8] [9]
　　 [0] [1] [2] [3] [4] [5] [6] [7] [8] [9]

是 [1]　　　　不是 [2]

学习汉语的时间：

1 年以下 [1]　1 年–18 个月 [2]　18 个月–2 年 [3]　2 年–30 个月 [4]　30 个月–3 年 [5]　3 年以上 [6]

注意　　请用 2B 铅笔这样写：■

一、听力

1. [A] [B] [C] [D] [E] [F]
2. [A] [B] [C] [D] [E] [F]
3. [A] [B] [C] [D] [E] [F]
4. [A] [B] [C] [D] [E] [F]
5. [A] [B] [C] [D] [E] [F]

6. [A] [B] [C] [D] [E] [F]
7. [A] [B] [C] [D] [E] [F]
8. [A] [B] [C] [D] [E] [F]
9. [A] [B] [C] [D] [E] [F]
10. [A] [B] [C] [D] [E] [F]

11. [√] [×]
12. [√] [×]
13. [√] [×]
14. [√] [×]
15. [√] [×]

16. [√] [×]
17. [√] [×]
18. [√] [×]
19. [√] [×]
20. [√] [×]

21. [A] [B] [C]
22. [A] [B] [C]
23. [A] [B] [C]
24. [A] [B] [C]
25. [A] [B] [C]

26. [A] [B] [C]
27. [A] [B] [C]
28. [A] [B] [C]
29. [A] [B] [C]
30. [A] [B] [C]

31. [A] [B] [C]
32. [A] [B] [C]
33. [A] [B] [C]
34. [A] [B] [C]
35. [A] [B] [C]

36. [A] [B] [C]
37. [A] [B] [C]
38. [A] [B] [C]
39. [A] [B] [C]
40. [A] [B] [C]

二、阅读

41. [A] [B] [C] [D] [E] [F]
42. [A] [B] [C] [D] [E] [F]
43. [A] [B] [C] [D] [E] [F]
44. [A] [B] [C] [D] [E] [F]
45. [A] [B] [C] [D] [E] [F]

46. [A] [B] [C] [D] [E] [F]
47. [A] [B] [C] [D] [E] [F]
48. [A] [B] [C] [D] [E] [F]
49. [A] [B] [C] [D] [E] [F]
50. [A] [B] [C] [D] [E] [F]

51. [A] [B] [C] [D] [E] [F]
52. [A] [B] [C] [D] [E] [F]
53. [A] [B] [C] [D] [E] [F]
54. [A] [B] [C] [D] [E] [F]
55. [A] [B] [C] [D] [E] [F]

56. [A] [B] [C] [D] [E] [F]
57. [A] [B] [C] [D] [E] [F]
58. [A] [B] [C] [D] [E] [F]
59. [A] [B] [C] [D] [E] [F]
60. [A] [B] [C] [D] [E] [F]

61. [A] [B] [C]
62. [A] [B] [C]
63. [A] [B] [C]
64. [A] [B] [C]
65. [A] [B] [C]

66. [A] [B] [C]
67. [A] [B] [C]
68. [A] [B] [C]
69. [A] [B] [C]
70. [A] [B] [C]

三、书写

71.

72.

73.

74.

75.

76.　　　77.　　　78.　　　79.　　　80.

新 汉 语 水 平 考 试
HSK（三级）答 题 卡

姓名		国籍	[0] [1] [2] [3] [4] [5] [6] [7] [8] [9]

国籍
[0] [1] [2] [3] [4] [5] [6] [7] [8] [9]
[0] [1] [2] [3] [4] [5] [6] [7] [8] [9]
[0] [1] [2] [3] [4] [5] [6] [7] [8] [9]

性别　　　男 [1]　　女 [2]

序号
[0] [1] [2] [3] [4] [5] [6] [7] [8] [9]
[0] [1] [2] [3] [4] [5] [6] [7] [8] [9]
[0] [1] [2] [3] [4] [5] [6] [7] [8] [9]
[0] [1] [2] [3] [4] [5] [6] [7] [8] [9]
[0] [1] [2] [3] [4] [5] [6] [7] [8] [9]

考点
[0] [1] [2] [3] [4] [5] [6] [7] [8] [9]
[0] [1] [2] [3] [4] [5] [6] [7] [8] [9]
[0] [1] [2] [3] [4] [5] [6] [7] [8] [9]

你是华裔吗?

年龄
[0] [1] [2] [3] [4] [5] [6] [7] [8] [9]
[0] [1] [2] [3] [4] [5] [6] [7] [8] [9]

是 [1]　　　　不是 [2]

学习汉语的时间：

1 年以下[1]　1 年–18 个月[2]　18 个月–2 年[3]　2 年–30 个月[4]　30 个月–3 年[5]　3 年以上[6]

注意　　请用2B铅笔这样写：■

一、听力

1. [A] [B] [C] [D] [E] [F]
2. [A] [B] [C] [D] [E] [F]
3. [A] [B] [C] [D] [E] [F]
4. [A] [B] [C] [D] [E] [F]
5. [A] [B] [C] [D] [E] [F]

6. [A] [B] [C] [D] [E] [F]
7. [A] [B] [C] [D] [E] [F]
8. [A] [B] [C] [D] [E] [F]
9. [A] [B] [C] [D] [E] [F]
10. [A] [B] [C] [D] [E] [F]

11. [√] [×]
12. [√] [×]
13. [√] [×]
14. [√] [×]
15. [√] [×]

16. [√] [×]
17. [√] [×]
18. [√] [×]
19. [√] [×]
20. [√] [×]

21. [A] [B] [C]
22. [A] [B] [C]
23. [A] [B] [C]
24. [A] [B] [C]
25. [A] [B] [C]

26. [A] [B] [C]
27. [A] [B] [C]
28. [A] [B] [C]
29. [A] [B] [C]
30. [A] [B] [C]

31. [A] [B] [C]
32. [A] [B] [C]
33. [A] [B] [C]
34. [A] [B] [C]
35. [A] [B] [C]

36. [A] [B] [C]
37. [A] [B] [C]
38. [A] [B] [C]
39. [A] [B] [C]
40. [A] [B] [C]

二、阅读

41. [A] [B] [C] [D] [E] [F]
42. [A] [B] [C] [D] [E] [F]
43. [A] [B] [C] [D] [E] [F]
44. [A] [B] [C] [D] [E] [F]
45. [A] [B] [C] [D] [E] [F]

46. [A] [B] [C] [D] [E] [F]
47. [A] [B] [C] [D] [E] [F]
48. [A] [B] [C] [D] [E] [F]
49. [A] [B] [C] [D] [E] [F]
50. [A] [B] [C] [D] [E] [F]

51. [A] [B] [C] [D] [E] [F]
52. [A] [B] [C] [D] [E] [F]
53. [A] [B] [C] [D] [E] [F]
54. [A] [B] [C] [D] [E] [F]
55. [A] [B] [C] [D] [E] [F]

56. [A] [B] [C] [D] [E] [F]
57. [A] [B] [C] [D] [E] [F]
58. [A] [B] [C] [D] [E] [F]
59. [A] [B] [C] [D] [E] [F]
60. [A] [B] [C] [D] [E] [F]

61. [A] [B] [C]
62. [A] [B] [C]
63. [A] [B] [C]
64. [A] [B] [C]
65. [A] [B] [C]

66. [A] [B] [C]
67. [A] [B] [C]
68. [A] [B] [C]
69. [A] [B] [C]
70. [A] [B] [C]

三、书写

71.

72.

73.

74.

75.

76.　　　77.　　　78.　　　79.　　　80.

新 汉 语 水 平 考 试
HSK（三级）答 题 卡

姓名

国籍　[0] [1] [2] [3] [4] [5] [6] [7] [8] [9]
　　　[0] [1] [2] [3] [4] [5] [6] [7] [8] [9]
　　　[0] [1] [2] [3] [4] [5] [6] [7] [8] [9]

性别　　　男 [1]　　　女 [2]

序号　[0] [1] [2] [3] [4] [5] [6] [7] [8] [9]
　　　[0] [1] [2] [3] [4] [5] [6] [7] [8] [9]
　　　[0] [1] [2] [3] [4] [5] [6] [7] [8] [9]
　　　[0] [1] [2] [3] [4] [5] [6] [7] [8] [9]
　　　[0] [1] [2] [3] [4] [5] [6] [7] [8] [9]

考点　[0] [1] [2] [3] [4] [5] [6] [7] [8] [9]
　　　[0] [1] [2] [3] [4] [5] [6] [7] [8] [9]
　　　[0] [1] [2] [3] [4] [5] [6] [7] [8] [9]

你是华裔吗?

年龄　[0] [1] [2] [3] [4] [5] [6] [7] [8] [9]
　　　[0] [1] [2] [3] [4] [5] [6] [7] [8] [9]

是 [1]　　　不是 [2]

学习汉语的时间：

1 年以下[1]　1 年–18 个月[2]　18 个月–2 年[3]　2 年–30 个月[4]　30 个月–3 年[5]　3 年以上[6]

注意　　　请用 2B 铅笔这样写：■

一、听力

1. [A] [B] [C] [D] [E] [F]
2. [A] [B] [C] [D] [E] [F]
3. [A] [B] [C] [D] [E] [F]
4. [A] [B] [C] [D] [E] [F]
5. [A] [B] [C] [D] [E] [F]

6. [A] [B] [C] [D] [E] [F]
7. [A] [B] [C] [D] [E] [F]
8. [A] [B] [C] [D] [E] [F]
9. [A] [B] [C] [D] [E] [F]
10. [A] [B] [C] [D] [E] [F]

11. [√] [×]
12. [√] [×]
13. [√] [×]
14. [√] [×]
15. [√] [×]

16. [√] [×]
17. [√] [×]
18. [√] [×]
19. [√] [×]
20. [√] [×]

21. [A] [B] [C]
22. [A] [B] [C]
23. [A] [B] [C]
24. [A] [B] [C]
25. [A] [B] [C]

26. [A] [B] [C]
27. [A] [B] [C]
28. [A] [B] [C]
29. [A] [B] [C]
30. [A] [B] [C]

31. [A] [B] [C]
32. [A] [B] [C]
33. [A] [B] [C]
34. [A] [B] [C]
35. [A] [B] [C]

36. [A] [B] [C]
37. [A] [B] [C]
38. [A] [B] [C]
39. [A] [B] [C]
40. [A] [B] [C]

二、阅读

41. [A] [B] [C] [D] [E] [F]
42. [A] [B] [C] [D] [E] [F]
43. [A] [B] [C] [D] [E] [F]
44. [A] [B] [C] [D] [E] [F]
45. [A] [B] [C] [D] [E] [F]

46. [A] [B] [C] [D] [E] [F]
47. [A] [B] [C] [D] [E] [F]
48. [A] [B] [C] [D] [E] [F]
49. [A] [B] [C] [D] [E] [F]
50. [A] [B] [C] [D] [E] [F]

51. [A] [B] [C] [D] [E] [F]
52. [A] [B] [C] [D] [E] [F]
53. [A] [B] [C] [D] [E] [F]
54. [A] [B] [C] [D] [E] [F]
55. [A] [B] [C] [D] [E] [F]

56. [A] [B] [C] [D] [E] [F]
57. [A] [B] [C] [D] [E] [F]
58. [A] [B] [C] [D] [E] [F]
59. [A] [B] [C] [D] [E] [F]
60. [A] [B] [C] [D] [E] [F]

61. [A] [B] [C]
62. [A] [B] [C]
63. [A] [B] [C]
64. [A] [B] [C]
65. [A] [B] [C]

66. [A] [B] [C]
67. [A] [B] [C]
68. [A] [B] [C]
69. [A] [B] [C]
70. [A] [B] [C]

三、书写

71.

72.

73.

74.

75.

76.　　　77.　　　78.　　　79.　　　80.

新 汉 语 水 平 考 试
HSK（三级）答题卡

姓名		国籍	[0] [1] [2] [3] [4] [5] [6] [7] [8] [9] [0] [1] [2] [3] [4] [5] [6] [7] [8] [9] [0] [1] [2] [3] [4] [5] [6] [7] [8] [9]
		性别	男 [1]　　女 [2]
序号	[0] [1] [2] [3] [4] [5] [6] [7] [8] [9] [0] [1] [2] [3] [4] [5] [6] [7] [8] [9] [0] [1] [2] [3] [4] [5] [6] [7] [8] [9] [0] [1] [2] [3] [4] [5] [6] [7] [8] [9] [0] [1] [2] [3] [4] [5] [6] [7] [8] [9]	考点	[0] [1] [2] [3] [4] [5] [6] [7] [8] [9] [0] [1] [2] [3] [4] [5] [6] [7] [8] [9] [0] [1] [2] [3] [4] [5] [6] [7] [8] [9]
		你是华裔吗？	
年龄	[0] [1] [2] [3] [4] [5] [6] [7] [8] [9] [0] [1] [2] [3] [4] [5] [6] [7] [8] [9]	是 [1]　　不是 [2]	

学习汉语的时间：

1 年以下 [1]　1 年–18 个月 [2]　18 个月–2 年 [3]　2 年–30 个月 [4]　30 个月–3 年 [5]　3 年以上 [6]

注意　　请用 2B 铅笔这样写：▬

一、听力

1. [A] [B] [C] [D] [E] [F]
2. [A] [B] [C] [D] [E] [F]
3. [A] [B] [C] [D] [E] [F]
4. [A] [B] [C] [D] [E] [F]
5. [A] [B] [C] [D] [E] [F]

6. [A] [B] [C] [D] [E] [F]
7. [A] [B] [C] [D] [E] [F]
8. [A] [B] [C] [D] [E] [F]
9. [A] [B] [C] [D] [E] [F]
10. [A] [B] [C] [D] [E] [F]

11. [√] [×]
12. [√] [×]
13. [√] [×]
14. [√] [×]
15. [√] [×]

16. [√] [×]
17. [√] [×]
18. [√] [×]
19. [√] [×]
20. [√] [×]

21. [A] [B] [C]
22. [A] [B] [C]
23. [A] [B] [C]
24. [A] [B] [C]
25. [A] [B] [C]

26. [A] [B] [C]
27. [A] [B] [C]
28. [A] [B] [C]
29. [A] [B] [C]
30. [A] [B] [C]

31. [A] [B] [C]
32. [A] [B] [C]
33. [A] [B] [C]
34. [A] [B] [C]
35. [A] [B] [C]

36. [A] [B] [C]
37. [A] [B] [C]
38. [A] [B] [C]
39. [A] [B] [C]
40. [A] [B] [C]

二、阅读

41. [A] [B] [C] [D] [E] [F]
42. [A] [B] [C] [D] [E] [F]
43. [A] [B] [C] [D] [E] [F]
44. [A] [B] [C] [D] [E] [F]
45. [A] [B] [C] [D] [E] [F]

46. [A] [B] [C] [D] [E] [F]
47. [A] [B] [C] [D] [E] [F]
48. [A] [B] [C] [D] [E] [F]
49. [A] [B] [C] [D] [E] [F]
50. [A] [B] [C] [D] [E] [F]

51. [A] [B] [C] [D] [E] [F]
52. [A] [B] [C] [D] [E] [F]
53. [A] [B] [C] [D] [E] [F]
54. [A] [B] [C] [D] [E] [F]
55. [A] [B] [C] [D] [E] [F]

56. [A] [B] [C] [D] [E] [F]
57. [A] [B] [C] [D] [E] [F]
58. [A] [B] [C] [D] [E] [F]
59. [A] [B] [C] [D] [E] [F]
60. [A] [B] [C] [D] [E] [F]

61. [A] [B] [C]
62. [A] [B] [C]
63. [A] [B] [C]
64. [A] [B] [C]
65. [A] [B] [C]

66. [A] [B] [C]
67. [A] [B] [C]
68. [A] [B] [C]
69. [A] [B] [C]
70. [A] [B] [C]

三、书写

71.

72.

73.

74.

75.

76.　　77.　　78.　　79.　　80.

现在开始第 11 题：

11. 我哥哥歌唱得特别好，但是不太喜欢跳舞，我妹妹也和他一样。
    ★我妹妹不喜欢跳舞。

12. 我奶奶这几天身体不好，住医院了，周末我要去照顾她。
    ★我周末去奶奶家。

13. 张小姐坐在我右边，王先生站在她旁边，他们两个是好朋友。
    ★我在张小姐和王先生中间。

14. 小王，才两年不见，你妈都没你高了。
    ★小王现在比他妈妈高了。

15. 老王的身体很好，他每天都去跑步锻炼。
    ★老王因为身体不好，所以经常锻炼。

16. 这几天爸爸鼻子不舒服，我让他周末去医院看看。
    ★周末爸爸去医院看我。

17. 安静点儿，别说话了，比赛开始了。
    ★他在看比赛。

18. 我的办公室在 8 号楼 2 层 201，小李的办公室就在我们下面。
    ★小李的办公室在 8 号楼的 3 层。

19. 明年我要去别的公司工作，换一换工作环境。
    ★他想明年换工作。

20. 我的自行车被小张骑走了，他说明天还给我。
    ★小张把我的自行车骑走了。

第 三 部 分

一共 10 个题,每题听两次。

例如:男:你什么时候生日啊?
　　　女:后天,马上我就 24 岁了。
　　　问:女的现在多大了?

现在开始第 21 题:

21. 男:明天下午我去机场送你。
　　女:明天你不是要开会吗? 我还是自己坐出租车去吧。
　　问:女的是什么意思?

22. 女:哥,我有几个字不知道怎么读。你能教教我吗?
　　男:我现在忙着呢。这儿有一本词典,你自己找找。
　　问:从对话里,我们可以知道什么?

23. 女:你的眼睛怎么这么红?
　　男:为了今天的考试,我昨天晚上一直在看书。
　　问:男的昨天晚上做什么了?

24. 男:医生,这药怎么吃?
　　女:一天三次,饭后吃。
　　问:男的应该什么时候吃药?

25. 女:你在画什么? 是小狗吗?
　　男:是的,可爱吧?
　　问:男的在做什么?

26. 男:今天是晴天,不怎么冷。
　　女:冷点儿没关系,我就害怕刮大风。
　　问:从对话中,我们可以知道什么?

27. 男：老师，明天爬山我不能去了。明天我们班有多少同学去？
　　女：除了你和小马，其他 7 个同学都去。
　　问：他们班一共有多少个同学？

28. 女：你好，我买两斤苹果，给你钱。
　　男：你这是 10 块，找你 1 块，欢迎再来。
　　问：苹果多少钱一斤？

29. 男：如果回来的时候没有地铁也没有公共汽车了，你就坐出租车回来吧。
　　女：知道了，地铁来了，我走了，你也快回去吧。
　　问：他们现在在哪儿？

30. 男：你好，你们这儿的房间多少钱一天？
　　女：对不起，今天我们这儿没有房间了。
　　问：他们可能在哪儿说话？

第 四 部 分

一共 10 个题，每题听两次。

例如：女：你回来了？ 累不累啊？
　　　男：还好，我坐飞机回来的，才用了两个小时。这是给你的小礼物。
　　　女：太漂亮了，谢谢。
　　　男：不客气。
　　　问：从对话里，我们可以知道什么？

现在开始第 31 题：

31. 女：小王，这就是你新买的皮鞋？
　　男：是啊，才穿两天就坏了。
　　女：我早告诉你了，不要买便宜的东西。
　　男：下次一定不买了。
　　问：男的的皮鞋怎么样？

32. 男：你饿不饿？
　　女：饿了。我8点钟吃了一个鸡蛋,现在都过去3个小时了。
　　男：那我们快去吃饭吧。
　　女：前面有个饭店。
　　问：现在可能几点？

33. 女：小王,你在干什么？看黑板。
　　男：老师,我头疼,有点儿发烧。
　　女：你要不要去看医生？
　　男：我等一会儿再去吧。
　　问：他们在哪儿？

34. 女：小张,找什么呢？
　　男：我的笔记本不见了。
　　女：不就在那儿吗？
　　男：哪儿呢？
　　女：在词典上面。
　　问：词典上面有什么？

35. 男：昨天中午给你打电话,你家里没人接。
　　女：那时候我又去办公室了。
　　男：你又回去做什么？
　　女：我把包忘在那里了。
　　问：昨天中午女的去哪儿了？

36. 女：你怎么不吃啊？ 这面条儿很好吃的。
　　男：老师……
　　女：怎么了？ 你不喜欢吗？
　　男：喜欢,但是我不会用筷子。
　　女：我教你。
　　问：他们在吃什么？

37. 女：你去看看孩子作业做好了没有？

　　男：今天是周末，你让他休息一会儿吧。

　　女：周末也要学习啊，快去。

　　男：好吧，好吧。

　　问：他们是什么关系？

38. 男：你的行李箱这么大，都放了些什么啊？

　　女：衣服和吃的东西。你带了什么？

　　男：我就带了一个照相机。

　　女：那你帮我拿行李箱吧。

　　问：从对话里，我们可以知道什么？

39. 男：电影几点开始？是 6 点半吧？

　　女：7 点，还有 40 分钟呢。

　　男：那我们先去买点儿喝的东西。

　　女：好啊。

　　问：现在几点？

40. 女：张小姐下个月要结婚了。

　　男：是吗？她没跟我说。

　　女：不可能吧？你们是好朋友啊。

　　男：我要打电话问问她。

　　问：从对话里，我们可以知道什么？

听力考试现在结束。

新汉语水平考试 HSK(三级)全真模拟题 3 听力材料

(音乐,30秒,渐弱)

大家好！欢迎参加 HSK(三级)考试。
大家好！欢迎参加 HSK(三级)考试。
大家好！欢迎参加 HSK(三级)考试。

HSK(三级)听力考试分四部分,共40题。
请大家注意,听力考试现在开始。

第 一 部 分

一共10个题,每题听两次。

例如：男:你现在吃不吃晚饭？
　　　女:我看电视呢,过一会儿再吃。

现在开始第1到5题：

1. 女:喂,你买到票了吗？
　 男:没有,人太多了,我还在等呢。

2. 女:你和你弟弟谁高一点儿？
　 男:我弟弟比我高。

3. 女:你看见我家的小猫了吗？
　 男:看,在车下面呢。

4. 女:老师,这个字我写对了吗？
　 男:不但写对了,而且写得很漂亮。

5. 男：你家花园真漂亮。

   女：是啊，这些花儿都是我爷爷种的。

现在开始第 6 到 10 题：

6. 男：请坐吧，你想喝点儿什么？

   女：咖啡，谢谢。

7. 男：星期天我们去骑马，好不好？

   女：真的吗？太好了。

8. 女：老师，过生日的时候你们也吃蛋糕吗？

   男：不，中国人经常吃面条儿。

9. 女：西瓜怎么卖？

   男：这西瓜又大又甜，三块钱一斤。

10. 男：你看看我新买的椅子怎么样？

    女：很好，坐着很舒服。

第 二 部 分

一共 10 个题，每题听两次。

例如：为了准备下次考试，他现在每天都去图书馆学习三个小时。

   ★他希望自己能有好成绩。

   小王的丈夫给她买了一条裙子，漂亮极了。

   ★小王没有结婚。

现在开始第 11 题：

11. 我最近突然对爬山有了兴趣。我觉得爬山可以锻炼身体，是一种很好的运动。
★他一直都很喜欢爬山。

12. 今天下午我去商店买东西，到了那儿我才发现忘带钱了，然后我就回学校了。
★我下午去商店买了很多东西。

13. 熊猫是我最喜欢的动物，它太可爱了。
★我喜欢熊猫。

14. 昨天我和叔叔想坐公共汽车去公园玩儿，等了一个小时公共汽车也没有来。后来我们就骑自行车去了。
★昨天他们没有坐公共汽车去公园。

15. 刚才新闻上说明天我们这儿有大雪，我太高兴了。
★明天是晴天。

16. 今年我们学校的外国学生比去年多了 200 多个。
★今年我们学校有 100 多个外国学生。

17. 我上午买的报纸被张老师拿走了。
★张老师拿了我的杯子。

18. 下次来北京记得给我打电话啊，我的电话是 86704391。
★我的电话是 86707391。

19. 我哥哥去美国留学了，他觉得用信用卡买东西很方便。
★我哥哥喜欢用信用卡。

20. 晚上睡觉的时候,如果关灯我就会非常害怕。

★我晚上睡觉的时候不喜欢关灯。

第 三 部 分

一共 10 个题,每题听两次。

例如:女:你的冰箱什么时候坏的?

男:我也不知道,我上个星期出去旅游了,回来就这样了。

问:男的上个星期在哪儿?

现在开始第 21 题:

21. 男:今天晚上我们出去喝酒吧。

女:什么? 喝酒? 明天有考试,你忘了吗?

问:女的是什么意思?

22. 男:你知道小张喜欢什么体育节目吗?

女:他啊,看篮球比赛可以不吃饭,但是看三分钟足球比赛就想睡觉了。

问:小张喜欢什么体育节目?

23. 女:喂,你来接我吧,外面下大雨了,我没带伞。

男:那你坐出租车回来吧,家里来客人了。

问:男的是什么意思?

24. 男:明天是你的生日,我想请你去最好的饭店吃饭。

女:那要多少钱啊? 我们就在家里吃吧。

问:女的是什么意思?

25. 女:小李,你今天怎么又迟到了?

男:对不起,张老师,我刚才回去拿书了。

问:他们可能在哪儿说话?

26. 男:你的行李这么多啊,要不要我帮你?
    女:我自己来吧。
    问:女的是什么意思?

27. 女:你看我越来越胖了。
    男:你这还胖啊,才50公斤,还不到我的一半呢。
    问:男的可能有多少公斤?

28. 男:你有什么要求?
    女:最好离我公司近一些,洗手间一定要干净。
    问:女的在做什么?

29. 女:明天的比赛你去还是他去?
    男:我去或者他去都可以,听张老师的。
    问:明天谁去比赛?

30. 男:现在是7点半,去那家超市早不早?
    女:不早了,坐出租车去要30分钟,如果坐地铁也要20分钟。
    问:他们最快可能什么时候到那家超市?

第 四 部 分

一共10个题,每题听两次。

例如:女:你看这一张,这是我爸爸和我妈妈。
    男:你妈妈也很漂亮。
    女:你觉得我像爸爸还是像妈妈?
    男:都像,鼻子像爸爸,眼睛像妈妈。
    问:他们在做什么?

现在开始第 31 题：

31. 女：你会用筷子吃饭吗？
    男：当然，我从小就会。
    女：那你以前一定来过中国。
    男：没有，我们国家也用筷子。
    问：关于男的，我们知道什么？

32. 男：昨天晚上打你的电话，怎么没有人接？
    女：打了我手机吗？
    男：没有，我打你家里电话了。
    女：我最近搬家了。
    问：女的为什么没有接男的的电话？

33. 女：你喜欢什么动物？
    男：我喜欢小狗，你呢？
    女：我弟弟也喜欢小狗，但是我更喜欢小猫，我觉得它比小狗可爱。
    男：其实熊猫才是最可爱的动物。
    问：男的觉得什么动物最可爱？

34. 女：你什么时候到？
    男：下午 2 点的飞机，4 点到北京。
    女：你先在宾馆休息一下。我下班后再给你打电话。
    男：好的。
    问：男的怎么去北京？

35. 女：请问，你有没有看见一个包？
    男：什么颜色的？
    女：黑色的，里面有一本书，还有一些照片儿。
    男：对不起，没看见。
    问：女的在做什么？

36. 男：你认识那个女孩儿吗？

女：认识啊，我们一起去中文学校学过汉语。

男：你可以给我介绍介绍吗？

女：没问题。

问：男的想做什么？

37. 女：张经理，你好，很久不见了。

男：是啊，小李，你也来参加会议吗？

女：是的，我们一起进去吧，马上就开始了。

男：好，你先请。

问：他们来做什么？

38. 男：您到哪儿？

女：火车站。十分钟能到吗？

男：可以，我开快一点儿。

女：好，谢谢您。

问：他们可能在哪儿？

39. 男：喂，小王，你在干什么？

女：我在听音乐。你呢？

男：我刚才看了会儿电视。你现在有空儿吗？我想出去走走。

女：好的，那一会儿见。

问：他们现在在做什么？

40. 女：这地方怎么这么冷？

男：你应该多穿点儿衣服。

女：昨天报纸上说今天是晴天啊！

男：但是现在是冬天啊。

问：女的为什么觉得冷？

听力考试现在结束。

新汉语水平考试 HSK(三级)全真模拟题 4 听力材料

(音乐,30秒,渐弱)

大家好！欢迎参加 HSK(三级)考试。
大家好！欢迎参加 HSK(三级)考试。
大家好！欢迎参加 HSK(三级)考试。

HSK(三级)听力考试分四部分,共 40 题。
请大家注意,听力考试现在开始。

第 一 部 分

一共 10 个题,每题听两次。

例如：男：喂,你在哪儿?
　　　女：我在办公室开会,等一会儿我打给你。

现在开始第 1 到 5 题：

1. 女：我每天早上让孩子喝一杯牛奶。
　　男：这个习惯很好,你的孩子身体一定很健康。

2. 女：我最喜欢吃香蕉,你呢?
　　男：我最喜欢的水果是西瓜,因为它非常甜。

3. 女：这个周末你想干什么?
　　男：我想跟爸爸一起打篮球。

4. 女：你的数学成绩真好,是谁教你的?
　　男：是王老师,他非常认真。

5. 女:谢谢你的帮助。
   男:不客气,欢迎你再来北京。

现在开始第 6 到 10 题:

6. 女:你怎么又一边看电视一边吃东西了？ 会长胖的。
   男:我早上没吃饭,再吃一点儿就不吃了,可以吗？

7. 女:小心点儿,前面有一只狗。
   男:别害怕,那是一只非常可爱的小狗。

8. 男:那只猫在干什么呢？
   女:它正在看一条鱼,可能饿了。

9. 男:你们这儿的菜做得真不错,我会介绍我的朋友来。
   女:很高兴您喜欢,欢迎下次再来!

10. 男:你的帽子真漂亮,在哪儿买的？
    女:我也不知道,是我奶奶送给我的生日礼物。

第 二 部 分

一共 10 个题,每题听两次。

例如:为了了解更多知识,他每天都去图书馆看书。
    ★他希望自己有更多知识。

    我今天到公司才发现我的手表不见了,我认真地想了想,可能放在家里了。
中午我妻子打电话给我,怎么洗衣机里有一块手表,已经不走了。
    ★那块手表在公司。

现在开始第11题：

11. 我总是骑自行车去学校。今天下雨了，我决定坐公共汽车去。
    ★今天我骑自行车去学校。

12. 他的普通话说得非常好，我以为他是中国人，其实不是。
    ★他是中国人。

13. 爸爸经常晚上十点才下班，非常累，也没有时间跟我玩儿游戏，我很担心爸爸的身体。
    ★她不喜欢爸爸。

14. 因为今年弟弟长高了很多，所以我要送他一双新皮鞋。
    ★我要给弟弟一个礼物。

15. 我第一次吃中国菜的时候不会用筷子，很着急。饭店里的服务员非常热情，她教我怎么样用筷子。现在我还经常去那家饭店吃饭。
    ★我现在不会用筷子。

16. 电脑对人们的影响非常大，有了它，我们可以在家里工作、上网和看电影。如果没有了电脑，很多人不知道应该怎么工作。
    ★电脑的作用非常大。

17. 我认识小王很久了，她以前头发很长，现在头发很短，跟男孩子一样。
    ★小王是男孩子。

18. 这两天一直在下雪，外面有很多人玩儿雪。但是我很怕冷，就在家听听音乐、看看书。
    ★我怕冷，没有出去玩儿。

19. 姐姐最近比以前胖了,很多漂亮衣服不能穿了,所以她决定从明天开始运动。

★姐姐想买很多漂亮衣服。

20. 弟弟做作业的时候遇到了一个不会的题,他问我应该怎么做,我跟他说我正忙呢,让他自己去看书。

★我没有帮弟弟解决问题。

第 三 部 分

一共 10 个题,每题听两次。

例如:女:能不能把音乐关了? 声音太大了,我头疼。

男:对不起,我马上关。你睡一会儿吧,我去给你买点儿药。

问:女的想让男的做什么?

现在开始第 21 题:

21. 男:我要的面条儿怎么还没好?

女:对不起,今天客人特别多,请再等一会儿。

问:男的在哪儿?

22. 男:超市一般 9 点关门。

女:还有一刻钟,我去买点儿鸡蛋。

问:现在几点了?

23. 女:喂,您好。我是王老师,您的孩子发烧了,您快来学校旁边的医院吧。

男:我的天! 请您先帮忙照顾一下,我很快就到。

问:男的要去哪儿?

24. 男:请问有没有大一点儿的蓝色帽子?

女:现在没有,您下周来看看吧。

问:他们可能在什么地方?

25. 女:一共四斤,收您 10 块。苹果给您,走好!

男:再见。

问:苹果一斤多少钱?

26. 男:今天是星期天,我们可以去看电影或者去跳舞。

女:对不起,我不能和你一起去了,我得回家给弟弟做饭。

问:女的要做什么?

27. 女:如果你上课再迟到,我就要让你妈妈来学校了。

男:对不起,我再也不迟到了。

问:女的是男的的什么人?

28. 女:听说你去看昨天的演出了,怎么样?

男:一般吧,我看了一半儿就走了。

问:男的觉得演出怎么样?

29. 男:你怎么瘦了? 是生病了还是工作太累?

女:都不是,我最近每天都在锻炼身体。

问:女的为什么瘦了?

30. 男:小妹妹,你怎么了? 为什么要哭?

女:我的包被人拿走了,没办法回家了。

问:女的为什么哭?

第 四 部 分

一共 10 个题,每题听两次。

例如:男:今天做了什么菜?

女:在桌上,你自己看。

男:啊,是我最爱吃的羊肉,我能吃两碗饭。

女：吃完了你洗碗，可以吧？我累了，想休息休息。

问：吃完饭男的要做什么？

现在开始第 31 题：

31. 女：您好！是搬家公司吗？

男：不是，您打错了。我这里是宾馆。

女：对不起，您那儿的电话不是 89754216 吗？

男：不是，我们的电话是 89745216。

问：女的想要干什么？

32. 女：还没到吗？你没跟我说那个地方这么远啊！

男：我也是第一次去，我看看地图。

女：我们打个车吧。

男：很快就到了，再走一会儿吧，到了我请你喝咖啡。

问：他们在干什么？

33. 女：啊，下雪了。你看，真漂亮！

男：这是今年北京第三次下雪了。你以前没见过雪吗？

女：没有啊，我们国家一年四季都很热。所以看到雪我太高兴了。

男：那我们到外面去玩儿吧。

问：现在北京最可能是什么季节？

34. 男：明天有哪些人来？

女：我们公司的经理和同事。饭店那里准备得怎么样了？

男：没问题，你放心吧。蛋糕做好了没有？

女：做好了。下午我们去照相，可以吗？

问：他们还有什么事情没去做？

35. 女:哥哥,你看见我的手机了吗?

    男:包里有没有? 别着急,慢慢儿找。

    女:包里没有,我已经找过了。真奇怪,刚才还在桌子上的。

    男:我打一下你的手机……看看是不是在你帽子下面?

    问:手机最可能在哪儿?

36. 女:西瓜多少钱一斤?

    男:一块五一斤,您要多少? 还要别的吗? 今天的苹果很新鲜。

    女:好,那买五斤西瓜,三斤苹果。

    男:好的,一共是十五块钱。

    问:苹果多少钱一斤?

37. 女:您有什么事儿?

    男:这种衬衫还有大一点儿的吗? 这件我穿太小了。

    女:衣服您没洗过吧? 洗过就不能换了。

    男:没有。这是我朋友送给我的礼物,今天上午刚买的。

    问:他们是什么关系?

38. 男:请问王经理在吗?

    女:不在,他去北京开会了。 您是哪位?

    男:我是他的朋友,我这个星期六结婚,想请他参加,请您告诉他一下。我的
       手机号是 13012456859。

    女:好的,放心吧,我会告诉他的。

    问:王经理在做什么?

39. 女:我们休息一会儿,好吗? 我有点儿累。

    男:你怎么了? 身体不舒服吗?

    女:不是。我昨天为了准备考试,很晚才睡。

    男:那我们先吃饭吧,衣服等一会儿再买。

    问:他们现在在什么地方?

40. 男:明天是你的生日,这是送你的礼物。

女:我的生日？你听谁说的？

男:马丽告诉我的。她说你 10 月 22 号生日。

女:不是,我的生日是下个月的 22 号。

问:女的的生日是哪一天？

听力考试现在结束。

新汉语水平考试 HSK(三级)全真模拟题 5 听力材料

(音乐,30秒,渐弱)

大家好！欢迎参加 HSK(三级)考试。
大家好！欢迎参加 HSK(三级)考试。
大家好！欢迎参加 HSK(三级)考试。

HSK(三级)听力考试分四部分,共 40 题。
请大家注意,听力考试现在开始。

第 一 部 分

一共 10 个题,每题听两次。

例如：男:他们怎么还没到?
　　　女:可能在路上,我们再等等吧。

现在开始第 1 到 5 题：

1. 女:如果太累了就先休息一会儿吧。
　 男:星期一早上就要考试了,我还有很多没复习完呢!

2. 男:我们都在一家公司上班,今天终于有机会见面了。
　 女:是啊,很高兴见到你!

3. 女:你坐在那儿干什么呢?
　 男:我在检查我的笔记本,看看有没有重要的事情需要马上做。

4. 男:饭好了,准备吃饭了!
　 女:您和妈妈先吃吧,我写完电子邮件再吃。

5. 男:您觉得这双好还是那双好？
   女:第二双更舒服,我就买它了。

现在开始第 6 到 10 题:

6. 女₁:我刚才上网的时候看到一个很有意思的故事。
   女₂:让我看看!

7. 女:刚才一直在刮大风,我以为要下雨了,就去超市买了把伞。
   男:天气预报说今天是晴天,不会下雨。

8. 女:这个节目有意思吗? 换一个吧。
   男:世界杯足球比赛还有十分钟就要开始了。

9. 男:喂,我已经到咖啡厅了,你什么时候到?
   女:啊! 对不起,我忘了去喝咖啡的事儿了。

10. 女₁:这孩子经常吃甜的吧。
    女₂:是啊,特别喜欢晚上睡觉前吃,吃完也不刷牙。

第 二 部 分

一共 10 个题,每题听两次。

例如:为了健康,他每天早上六点起床去跑步。
    ★他很注意自己的身体。

    昨天考试结束时一个女同学在哭,我觉得很奇怪,问了其他的同学,才知道
她忘记写自己的名字了。
    ★这个女同学昨天没参加考试。

现在开始第 11 题:

11. 图书馆终于有电梯了,找书就方便了。
    ★图书馆以前没有电梯。

12. 我在商店买了两根铅笔,一共用了两元八角。
    ★铅笔一块五一根。

13. 这个宾馆的服务员很热情,我会介绍给我的朋友。
    ★我对这个宾馆的服务很满意。

14. 关于电脑我知道得很少,也不想知道。
    ★我对电脑不感兴趣。

15. 你可以上二楼,在卖帽子的地方向西走一分钟,就能看见洗手间了。
    ★洗手间在一楼。

16. 奶奶很关心我,经常给我讲故事。
    ★我喜欢讲故事。

17. 他刚喝了酒,你不应该让他开车走。
    ★他今天是开车来的。

18. 校长决定在考试前开个会。
    ★会议结束后考试。

19. 小王,我忘了告诉你,昨天我拿你的书了。
    ★昨天我忘记带书了。

20. 经理同意我买飞机票了。
    ★经理要坐飞机去北京。

第 三 部 分

一共 10 个题,每题听两次。

例如:男:明天可能要下雨,去机场接奶奶时记得带伞。
　　　女:我看过电视了,这个星期没有雨。
　　　问:男的想让女的做什么?

现在开始第 21 题:

21. 女:老师好! 这是我今天的作业。
　　　男:这次写得很认真,很好。
　　　问:男的可能是做什么的?

22. 女:听弟弟说他有很多数学题不懂,我想用自己休息的时间教教他。
　　　男:你真是一个好姐姐。
　　　问:谁的数学更好?

23. 女:来中国已经两年了,我的汉语水平还是不高。
　　　男:别着急,多听、多看、多说、多读,你的汉语会越来越好。
　　　问:他们在说什么事情?

24. 男:北京真是一个可爱的城市,我都不愿离开了。
　　　女:我记得三年前你刚来的时候很不喜欢这儿。
　　　问:男的来北京几年了?

25. 女:你弟弟真高啊。
　　　男:是啊,他去年还比我矮,现在比我高多了。
　　　问:男的的弟弟怎么了?

26. 男：小张，今天是周末，你来公司干什么？
　　女：我以为今天是周一呢。
　　问：今天可能是星期几？

27. 男：忙了一天了，你想吃点儿什么？
　　女：米饭或者面条儿都可以。
　　问：女的不想吃什么？

28. 女：您好！我的信用卡刚才丢了，怎么办？
　　男：请给我您的护照。
　　问：他们可能在哪儿？

29. 女：周末打算干什么？睡觉还是去公园？
　　男：我想去安静的地方看看书。
　　问：男的最可能去哪里？

30. 女：你有哪些爱好？
　　男：我很爱玩儿，经常和朋友一起踢足球、打篮球、爬山。
　　问：下面哪一个不是男的的爱好？

第 四 部 分

一共10个题，每题听两次。

例如：女：你看见我买的苹果了吗？
　　　男：没看见啊，你放在哪儿了？
　　　女：我放在冰箱里了，昨晚放的。
　　　男：是不是孩子早上把它吃了？
　　　问：女的在做什么？

现在开始第 31 题：

31. 女：我明天要搬家，你能帮我吗？

男：明天什么时候？

女：看你的时间吧。

男：明天上午我有事儿，中午我给你打电话吧。

问：女的明天要做什么？

32. 男：你这么晚还在办公室呢。

女：是啊，你也还没回家呢？

男：没办法，还有很多工作要做。

女：工作重要，健康更重要啊。

问：女的是什么意思？

33. 女：今天路上的车怎么这么多呢？

男：这你都不知道啊，今天过节，大家都在外面吃饭啊！

女：在中国什么节日最重要？

男：当然是春节，下个月就到了。

问：今天是什么日子？

34. 女：你觉得这个饭店的菜好吃吗？

男：非常一般，但是做得很干净，让人很放心。

女：这里离公司很近，很方便。

男：这里的服务员也还不错。

问：这个饭店怎么样？

35. 男：一共多少钱？

女：您是 9 点 10 分开始上的，现在是 10 点 40，给我四块五。

男：多少钱一个小时？

女：每小时三块钱。

问：男的 10 点在做什么？

36. 女：医生，它怎么样了？

男：你给它吃过什么东西？

女：我们昨晚给它吃了六条鱼。不知为什么，晚上一直在叫。

男：可能是吃得太多了。

问：它最可能是什么？

37. 男：你的车太旧了，容易出问题，我看你需要买辆新的。

女：没事儿，这车应该还能再骑几年。再说您也知道，我哪儿有钱买新的啊！

男：我有新的，一直没骑过，可以借给你。

女：太谢谢了！

问：男的要给女的什么？

38. 女：这么漂亮的蛋糕，是给我买的吗？

男：别生气啊，这次不是给你买的，明天是我妈的生日。我们明天去的时候，
    就说是你买的。

女：你对你妈比对我好多了。

男：我对你和我妈一样好。

问：蛋糕是给谁的？

39. 女：您是北京人吧？普通话说得这么好！

男：哪儿啊，我是从外地来的，但是我来北京十多年了。

女：那您也是"老北京"了。

男：也可以这么说。

问：女的怎么知道男的是北京人？

40. 女：课快结束了，我太高兴了！

男：是啊，我下午一直在看表。

女：你有什么重要的事情吗？

男：没有，我对这个课不感兴趣。

问：男的为什么一直看表？

听力考试现在结束。

新汉语水平考试 HSK(三级)全真模拟题 1 答案

一、听 力

第 一 部 分

1. B	2. E	3. F	4. A	5. C
6. C	7. E	8. A	9. D	10. B

第 二 部 分

11. √	12. √	13. ×	14. √	15. √
16. ×	17. ×	18. ×	19. √	20. ×

第 三 部 分

21. A	22. B	23. C	24. B	25. C
26. B	27. B	28. C	29. A	30. A

第 四 部 分

31. A	32. A	33. C	34. A	35. B
36. B	37. B	38. C	39. C	40. B

二、阅 读

第 一 部 分

41. F	42. B	43. A	44. D	45. E
46. D	47. E	48. A	49. C	50. B

第 二 部 分

51. E	52. D	53. F	54. B	55. A
56. C	57. F	58. E	59. D	60. A

61. A   62. B   63. A   64. A   65. B

66. A   67. C   68. C   69. C   70. B

三、书 写

第 一 部 分

71. 我去超市买蛋糕。

72. 前面突然出现两辆出租车。/突然前面出现两辆出租车。

73. 你把名字写在这儿。

74. 书被老师拿走了。

75. 今天晚上没有月亮。

第 二 部 分

76. 哭

77. 间

78. 典

79. 香

80. 客

新汉语水平考试 HSK (三级) 全真模拟题 2 答案

一、听　力

第一部分

1. D	2. A	3. F	4. C	5. E
6. B	7. D	8. C	9. A	10. E

第二部分

11. √	12. ×	13. ×	14. √	15. ×
16. ×	17. √	18. ×	19. √	20. √

第三部分

21. B	22. B	23. A	24. B	25. A
26. C	27. C	28. B	29. B	30. A

第四部分

31. B	32. A	33. B	34. C	35. C
36. C	37. A	38. B	39. C	40. C

二、阅　读

第一部分

41. F	42. B	43. D	44. A	45. E
46. B	47. C	48. A	49. E	50. D

第二部分

51. F	52. A	53. E	54. B	55. C
56. E	57. A	58. D	59. F	60. B

61. C   62. B   63. B   64. C   65. C
66. C   67. A   68. A   69. C   70. A

三、书 写

第 一 部 分

71. 哥哥送我一块手表。/我送哥哥一块手表。

72. 明天你什么时候上班？/你明天什么时候上班？

73. 树上有很多鸟。

74. 这个公园真大。

75. 昨天下午我们去学校踢足球了。/我们昨天下午去学校踢足球了。

第 二 部 分

76. 故

77. 演

78. 用

79. 分

80. 咖

新汉语水平考试 HSK(三级)全真模拟题 3 答案

一、听 力

第一部分

1. F	2. E	3. B	4. A	5. D
6. C	7. A	8. D	9. B	10. E

第二部分

11. ×	12. ×	13. √	14. √	15. ×
16. ×	17. ×	18. ×	19. √	20. √

第三部分

21. C	22. A	23. C	24. C	25. B
26. B	27. C	28. A	29. C	30. B

第四部分

31. C	32. C	33. B	34. C	35. A
36. A	37. A	38. B	39. A	40. C

二、阅 读

第一部分

41. D	42. F	43. A	44. E	45. B
46. E	47. A	48. B	49. D	50. C

第二部分

51. F	52. A	53. E	54. C	55. B
56. C	57. A	58. E	59. B	60. D

61. A   62. B   63. C   64. B   65. C

66. B   67. C   68. B   69. C   70. C

三、书　写

第 一 部 分

71. 她的头发比我长。/我的头发比她长。

72. 这次的考试成绩终于出来了。

73. 从你们国家到这儿有多远？/从这儿到你们国家有多远？

74. 这是谁的伞？/这伞是谁的？

75. 10 点以前你能完成吗？

第 二 部 分

76. 贵

77. 康

78. 急

79. 洗

80. 只

新汉语水平考试 HSK (三级) 全真模拟题 4 答案

一、听　力

第一部分

1. A	2. C	3. D	4. B	5. F
6. B	7. E	8. A	9. C	10. D

第二部分

11. ✕	12. ✕	13. ✕	14. ✓	15. ✕
16. ✓	17. ✕	18. ✓	19. ✕	20. ✓

第三部分

21. C	22. B	23. C	24. A	25. C
26. B	27. C	28. A	29. B	30. C

第四部分

31. B	32. A	33. C	34. A	35. C
36. B	37. B	38. B	39. B	40. C

二、阅　读

第一部分

41. D	42. B	43. E	44. C	45. A
46. D	47. A	48. C	49. E	50. B

第二部分

51. A	52. B	53. D	54. F	55. E
56. D	57. B	58. E	59. F	60. A

61. B   62. C   63. C   64. C   65. A
66. B   67. C   68. C   69. B   70. C

三、书　写

第 一 部 分

71. 比赛马上要开始了。

72. 弟弟跟哥哥一样高。/哥哥跟弟弟一样高。

73. 你结婚了没有？

74. 他是坐飞机来北京的。

75. 同学叫我去学校打篮球。/我叫同学去学校打篮球。

第 二 部 分

76. 更
77. 花
78. 少
79. 刻
80. 两

新汉语水平考试 HSK(三级)全真模拟题 5 答案

一、听 力

第 一 部 分

1. B	2. C	3. A	4. F	5. E
6. B	7. C	8. A	9. E	10. D

第 二 部 分

11. √	12. ×	13. √	14. √	15. ×
16. ×	17. √	18. √	19. ×	20. ×

第 三 部 分

21. B	22. A	23. C	24. A	25. B
26. C	27. C	28. A	29. C	30. B

第 四 部 分

31. B	32. C	33. A	34. B	35. A
36. A	37. C	38. C	39. B	40. A

二、阅 读

第 一 部 分

41. C	42. F	43. E	44. D	45. B
46. B	47. C	48. A	49. E	50. D

第 二 部 分

51. D	52. A	53. E	54. C	55. B
56. C	57. E	58. A	59. F	60. B

第 三 部 分

61. A   62. C   63. B   64. C   65. C
66. A   67. A   68. A   69. A   70. C

三、书　写

第 一 部 分

71. 机场必须检查客人的护照。

72. 我们特别喜欢和老师聊天。/老师特别喜欢和我们聊天。

73. 我很害怕唱歌。

74. 男孩子喜欢玩儿电脑游戏。

75. 2012 年以前地铁不经过这儿。

第 二 部 分

76. 生

77. 方

78. 习

79. 高

80. 白